潘楼村志

《潘楼村志》编修委员会　编

方志出版社
Publishing House of Local Records

图书在版编目（CIP）数据

潘楼村志 /《潘楼村志》编修委员会编 . -- 北京：
方志出版社，2019.12

ISBN 978-7-5144-3887-1

Ⅰ . ①潘… Ⅱ . ①潘… Ⅲ . ①村史—西青区 Ⅳ .
① K292.15

中国版本图书馆 CIP 数据核字（2020）第 006813 号

潘楼村志

编　　者：《潘楼村志》编修委员会
责任编辑：冯　松

出 版 者：方志出版社
地址　北京市朝阳区潘家园东里 9 号（国家方志馆 4 层）
邮编　100021
网址　http://www.zgfzcb.cn
发　　行：方志出版社图书经销中心
电话　（010）67110500
经　　销：各地新华书店
排　　版：北京纺印图文设计制作有限公司
印　　刷：北京中科印刷有限公司

开　　本：787 × 1092　　1/16
印　　张：13.25
字　　数：268 千字
版　　次：2019 年 12 月第 1 版　　2019 年 12 月第 1 次印刷
印　　数：001 ~ 750 册

ISBN 978-7-5144-3887-1　　**定价**：120.00 元

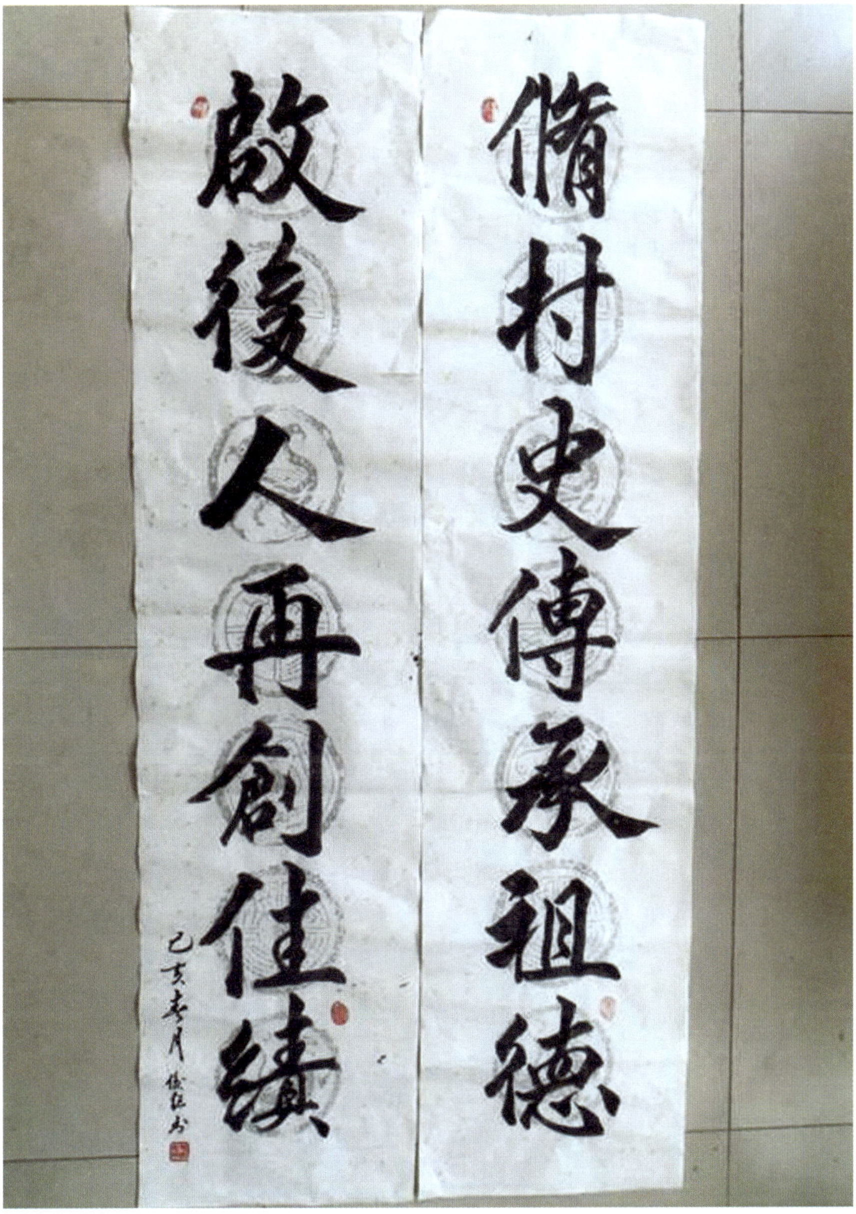

潘楼村支部书记何俊起为村志出版题词（2019 年摄）

工西路
西苑公寓
图书馆
天津工业大学电子与信息工程学院
天津工业
天津工业大学图书馆
天津工业大学第一公共教学楼
天津工业大学励志广场
天津工业大学第二公共教学楼A区
天津工业大学西苑餐厅
天津工业大学体育场
大梁国际文化产业新城
姚村文博园
冬盛园
绝味鸭脖
姚村公寓
万家香饭店
天津工业大学附属小学
慧明道
智达里小区
天津农商银行
姚村景福花园
朝阳道
卓尔国际商贸城
卓尔天乐商城

潘楼村位置平面示意图

第八

潘家楼相连之曰姚家村。庐舍微稠，形势相等。图内庙三，村二，西界郭家村。

绅衿　四户　　　　　　烟户　八十六户

僧道　二户

共九十二户（大口二百三十二口；小口一百五十一口）

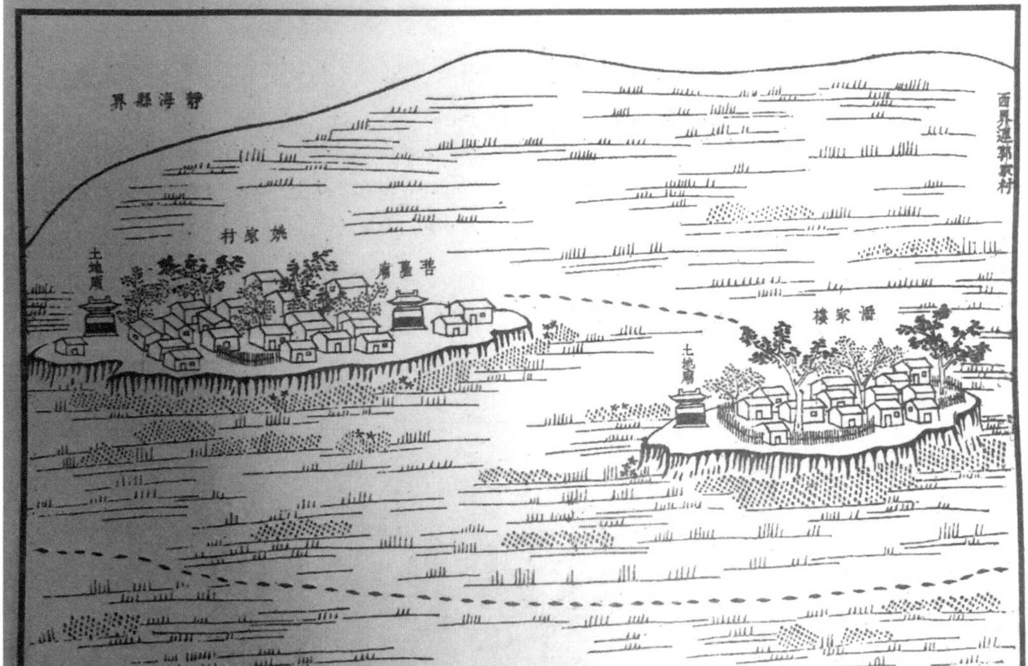

清道光二十六年（1846）《津门保甲图说》中潘家楼村位置图

村两委班子村务会议（2016 年摄）

左起：王俊凤　刘俊生　李玉起　张全利　何俊起　张长利

村志编修人员（2016 年摄）

左起：张全利　李玉起　刘长青　李玉章　刘玉成　刘其祥　何俊起　刘玉强　李玉云　张国泰
刘俊生　张长利　王俊凤

潘楼村舞蹈队参加天津电视台演出（2015 年摄）

农村书屋丰富村民的业余生活（2015 年摄）

潘楼村居住的旧平房（2015 年摄）

村民新居潘馨园小区（2015 年摄）

西青区村村建档修志工程领导小组
组长及成员单位

组　　长：张　劲（至 2019 年 3 月）

副 组 长：惠　冰（至 2019 年 9 月）

杜全胜（自 2019 年 12 月）　高　艳

成员单位：区档案局　区委督查室　区民政局

区农业经委　区新闻中心　西营门街

李七庄街　杨柳青镇　辛口镇

中北镇　张家窝镇　精武镇

大寺镇　王稳庄镇

西青区村村建档修志工程领导小组
办公室成员

主　　任：孙国春（至 2018 年 2 月）

林小琳（2018 年 2 月至 2019 年 8 月）

杨鸣起（自 2019 年 8 月）

副 主 任：谷大丽（至 2018 年 9 月）

薛安鲁　边秀文（自 2018 年 9 月）

精武镇村村建档修志工程领导小组组长及成员单位

组　　长： 潘作成（至 2019 年 6 月）　刘振河（自 2019 年 6 月）

副 组 长： 扈树燕（至 2019 年 6 月）　辛凌雯（至 2019 年 10 月）
孙俊茹（自 2019 年 10 月）

成员单位： 镇党委办公室　政府办公室　民政办公室　社区建设服务中心
农业服务中心　建设管理办公室　社会治安综合治理办公室
企业服务中心　文化广播电视服务中心　档案室和各村

《潘楼村志》审验组成员

组　长： 潘作成　刘振河　林小琳
杨鸣起

副组长： 孙俊茹　扈树燕　辛凌雯
薛安鲁

成　员： 吴振清　杨光祥　王富盛
李　刚　张立民　杨茂枫
吴锡凤　张为新　张玉靖
汪立健　李雪建

《潘楼村志》编修委员会

主　任：何俊起

副主任：张长利　李玉起

委　员：张全利　刘俊生　王俊凤

《潘楼村志》编纂人员

主　　编：刘玉强　刘玉成　刘长青

编修人员：李玉云　刘其祥　张国泰

李玉章　李玉成

校订人员：张文才　高云根　王永玉

王凤霞　张长胜　刘　旭

序一

村村建档修志工程卷帙浩繁，内容宏富。整个工程历时三载，经广大村志工作者辛勤编纂、精心打磨，终于付梓出版。这是西青区社会主义精神文明建设的重要成果，体现了全区在文化工程建设、文化自信方面取得的重要成绩，在此，予以祝贺！

村志，是整个方志编写中的一个分支，明代即有了乡村志的雏形。历代政府多注重“官志”的编修，而作为乡土聚落的村志极少在正史典册中出现。自20世纪80年代始，村志的立身及地位逐步得到认同，随着经济社会的不断发展和城乡一体化进程的加快，部分省市的村志编修已在较大范围内开展。但作为一个地区，西青区将“村村建档修志”作为一项系统工程，举全区之力，用三年的时间，在全区162个村庄全面铺开推动，这在全市乃至全国尚属空前。

村村修志工程，是西青区深入贯彻落实习近平新时代中国特色社会主义思想和中共十九大精神的具体实施，是推进乡村振兴和文化强区战略的生动实践，也是全面推动全区档案事业和地方志事业科学发展的一项创新举措。村志，系统记述了村落发展的变化和改革开放的进程，全面展现了西青区厚重的历史文化底蕴，是认识全区农村社会变革和经济发展的重要途径，为全区“乡村振兴战略”和新型小康村建设提供了历史智慧和现实借鉴。村村修志工程，契合了城市化进程中抢救村落文化，做好文化传承的当前态势；回应了随着经济社会不断发展，广大村民渴望诉说家乡情怀、展现村庄历史的文化需求。对于铭记历史，“记住乡音、留住乡愁”，激发民众爱乡情怀，必将带来重大而深远的影响。

纵观全志，资料广征博引，据事实录，彰盛事、志伟绩，寓成功得失，分是非曲直，系统反映了各村面貌，是一部部村落发展的百科全书。村志在编修体例上因地制宜，不拘一格，突出时代特点和村情特色；在编写机制上，重视本村人写本村志，同时提倡开门修志，博采众长，广泛吸纳社会专业力量，推动村志编修工作有效开展，创造出一批独具村味乡韵的精品文化成果。不仅为后人留下了大量珍贵的史料，弥补了正史文献中对村庄记述之缺环，同时也为全区政治、经济和社会发展提供了强大的精神动力和智力支持。

衷心地感谢方志出版社、天津市志办领导、村志工程各级组织者，各方专业人士以及广大的村志编纂者。“修志问道，以启未来”，区委、区政府愿与全区人民以史为鉴、同心同德，与时俱进、开拓创新，用勤劳和智慧创造西青更加美好的未来。

中共天津市西青区委员会

天津市西青区人民政府

2019 年 3 月

序二

家有道，循道而进，家必兴旺；村有志，依志施治，村必发达；国有史，以史为鉴，国必强盛！

此书的编辑出版源于广大村民盛世修志的意愿。村党支部和村委会为此征得了全体党员和村民代表的同意后，开始组织村中老干部、德高望重的老人组成修志小组，通过查史料、访老者、询民间等方式搜集了大量的宝贵材料，翔实地记录了潘楼村人的奋斗历程。

打开这本书犹如观看一部历史长卷，展现了六百年中潘楼村村民朴实、勤劳和勇敢的轨迹。既有先辈们的开村史、主要家族的由来史，也有潘楼村人擎义旗、灭洋教的壮举，抗日战争中村民和侵略者浴血奋战视死如归的壮烈事迹，解放战争中村民抬担架推小车支援前线的高大身影，解放后在中国共产党农村政策指引下村民奔明星小康村的步步历程。所有这些，都是世世代代留给我们的宝贵财富，作为当代人我们也要义不容辞地传承下去。

俯仰古今，千秋爱憎，激建设美丽新农村之志。值新一轮农村体制改革之际，恰逢潘楼村即将平改拆迁之时，《潘楼村志》的出版是潘楼村村民政治生活中一件值得庆贺的事情。在此对所有编修人员和提供资料的单位及有关人员表示衷心的感谢！更要感谢潘楼村历届领导班子及所有党员带领全村人民书写了潘楼村的光辉历史！

《潘楼村志》着墨于2016年岁首，完稿于当年底。由于此书编辑时间有限，未能将所有资料编入村志，有不当之处敬请指正！

此村志完稿后，由于等全区建档修志工作，统一出书，2016—2018年的大事只在大事记中记述，不在村志中详细表述。

中共潘楼村支部委员会书记 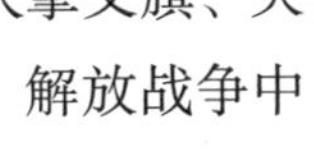

潘楼村村委会主任 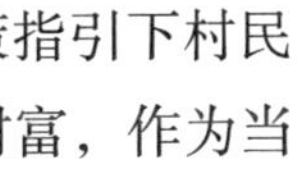

2019年4月

凡 例

一、本志以马克思列宁主义、毛泽东思想、邓小平理论、“三个代表”重要思想、科学发展观、习近平新时代中国特色社会主义思想为指导，坚持辩证唯物主义和历史唯物主义的立场、观点、方法，实事求是地记述了村内各方面的历史、现状，真实、客观地反映本村的政治、经济、人文等发展历程。

二、本志编写遵循“详今略古”的原则，上限追求各类事物发端，下限至2015年底，大事记、部分图照延至2018年。

三、本志运用述、记、志、传、图、表、录等体裁，以志为主，力求记述准确、精炼、生动。采用章节体编排。

四、本志采用规范的现代语体文记述，力求简洁、朴实、流畅。

五、民国前纪年用汉字书写历史纪年，后括注阿拉伯数字公元纪年；民国后使用阿拉伯数字公元纪年。

六、新中国成立前后指1949年10月1日中华人民共和国成立前后。

七、数字、标点符号、计量单位分别执行国家标准《出版物上数字用法》（GB/T 15835—2001）、《标点符号用法》（GB/T 15834—2001）、《国际单位制及其应用》（GB 3100—1993）和《有关量、单位、符号的一般原则》（GB 3101—1993）。

八、本志资料主要来源于有关史志书籍，如《西青区志》《南河镇志》《刘庄村志》《郭村志》，以及精武镇档案室、镇统计办等提供的资料，一般不注明出处。

目　录

概　述

潘楼村位于精武镇北端，北纬 39° 55′，东经 117° 103′。东与姚村以栅栏相隔，西隔工西路与天津工业大学附属小学搭界，南隔丰产河与卓尔电商城相望，北隔慧学道与天津工业大学接壤。

潘楼村原名潘家楼村。截至 2015 年底，全村有 387 户、1003 人。

潘楼村建于明初建文年间（1399—1402），曾为商屯。燕王朱棣扫北后南下靖难，有一潘姓将士有功，被朝廷在潘楼一带册封土地，建楼安家落户，娶当地李氏女为妻，故名潘家楼。现潘楼村已无潘姓。

明初，潘楼村建村前所在地隶属于静海县归德里。清雍正三年（1725）升天津卫为天津州；雍正九年（1731），升天津州为天津府，下设天津县，潘楼村从静海县划出改隶天津县。1953 年后划归天津市西郊区，1959 年 9 月划归天津市南开区，1960 年 10 月划归天津市和平区，1962 年 2 月划归天津市西郊区（西青区）至今。

新中国成立前的潘楼村是佃户村，农民大多数只能靠租种地主的土地维持生计，许多人被迫外出谋生，村民处于水深火热之中。

由于八国联军的入侵，1900 年掀起了义和团运动，从静海一带发展到潘楼村所在地区。义和团在著名首领刘呈祥（刘十九）的率领下，高举反帝大旗，打击了侵略者的嚣张气焰。村内曾设立坛口，多名村民加入义和团，著名的卫南洼大战就发生在潘楼村北一带。义和团在刘十九的率领下，与美、英、日联军展开血战，击毙联军 100 余人。

在中国共产党领导的抗日战争和解放战争中，潘楼村村民积极响应党的号召，村民董山（老八路）、刘其贵、孙广禄参加了抗日队伍。孙广禄在抗日战争中壮烈牺牲。解放战争中，村民刘其贵在战场上为国捐躯。在解放天津的战役中，潘楼村村民积极为解放军腾房屋、抬担架、送物资，支援前线，为天津的解放做出了贡献。1949 年 1 月，村民李金树、孙殿杰、高云亭参加中国人民解放军。

在抗美援朝战争中，村民李金树、孙殿杰、高云亭、吴少堂赴朝参战，李金树牺牲在朝鲜战场上。孙殿杰荣立两次三等功，负伤十几处，被定为三等伤残军人。

二

随着社会生产关系的变革，实行了土地改革，农民分了土地，生产力得到极大提高，群众自愿组织起来，从互助组、初级社、高级社，一直到人民公社，村内对原来贫瘠的土地进行了多次改造。1950 年后的洼改，1960 年后的台田垫土，1970 年后的西大洼方田化改造，加上连年的改土治碱、挑沟挖渠，使村内土地质量大大提高，从解放初期只能种植产量很低的高粱、玉米和小杂粮变成能种植小麦、水稻等高产农作物的高产田，由过去一年一季变成一年可种两季，亩产从原来不足百斤到亩产可达千斤以上。

新中国成立初期，蔬菜种植以自食为主，1960 年后改成园旱兼作区，公社蔬菜组给大队下达蔬菜生产任务，生产的蔬菜按计划上交市内各菜店，国家给予村民每月二两食油的优惠，上交蔬菜的村民有一定数量的蔬菜粮。

从 1970 年开始，大队种植桃树 100 亩、葡萄 20 亩，后因效益不高逐步改为菜田和粮田。

新中国成立初期，养殖业以家庭为主，零散养殖猪、鸡、鸭等家禽家畜。人民公社后，大队开始饲养大牲畜。“大跃进”时期，大队曾办过集体养羊场和养猪场。1970 年，大队先后建起集体养鸡、养鸭的加工副业。1984 年后，大队又增加了鱼池，承包给村民养殖。

1969 年，大队成立运输队，为天津东站东货场运输货物。1971 年，大队先后成立带钢厂、木箱厂和粉碎厂等加工企业。之后，大队又相继创办了铸件厂、文教用品厂等。民办企业也有所发展，村内整体实力增强。

新中国成立前，村内只有 3 户村民经营小铺，平时有一些流动货郎走村串户经营小商品。新中国成立后，国家相继成立了郭村供销社、付村供销社和永红供销社等一批商业网点。1975 年，在郭村供销社的支持下，由村集体出资创办代销点。从 1981 年开始，先后有 16 户村民相继办起个体小铺和商店，加上每周两次的集市，大大满足了村民的购买需要。随着城市化进程的发展和农民生活水平的提高，大多村民经常到市内购买商品。

三

1949年初，村里在官房院内办起小学校，只有一名教师。1958年成立幼儿园。1960年后，国家在村内开办了潘楼小学。1969年，镇内成立了永红中学和付村中学，特别是2009年增建天津师范大学第三附属小学和2013年在村西新建天津工业大学附属小学，村里的教育有了更大的提升。国家从1991年开始实行九年义务教育，村内适龄儿童的入学率得到巩固，从而形成幼儿教育、九年义务教育、高等教育和成人教育的新格局。

1956年，国家在郭村成立卫生所，1964年村内成立红医站，1970年后国家成立了付村卫生院和永红医院，加上1969年后实行的合作医疗、1990年实行新型合作医疗和现行的城乡医疗保险制度，村民就医条件得到极大改善。

新中国成立后，村内环境卫生得到进一步改善，1992年获评天津市文明卫生村。尤其是2006年村民集中搬入新建楼房——潘馨园小区后，在镇环卫部门统一管理下，成立了专业保洁队伍，实行道路天天扫、垃圾日日清，村内卫生状况大为改观。

新中国成立前，村民有串门和到村前台子向阳处聊天的习惯，三五成群，说天道地、谈狐论仙。也有的人凑在一起，在地上画几个格，摆上几个土坷垃下棋，名曰“斗顶”。男孩们捉蛐蛐、扇毛片、打尜、砍镖，女孩们则跳房子、拾子儿、跳绳。偶有变戏法、吹糖人的到村，人们就围上去看热闹，感到非常满足。新中国成立后，村内成立秧歌队、文艺宣传队，利用广播播放留声机中的曲艺节目，公社广播站小喇叭入户，村里不定时请电影队放映露天电影，村民的业余文化生活逐步提高。1971年，大队购买了第一台14英寸的北京牌黑白电视机，每天晚上在官房院为村民播放。1980年以后，电视机普及到户，村里集中安装闭路电视。搬入潘馨园小区后，家家户户接通数字有线电视，普及互联网，建起文化活动室，妇女经常进行秧歌表演，全村文化生活丰富多彩。

村内体育活动不断发展。潘楼村组队参加历届由镇组织的农民运动会。一些青少年还自发组织业余足球队。小区广场安装了健身器材，村民到小区广场健身和到大学校园遛早、遛晚的人数越来越多，有打麒麟鞭、抖空竹、骑自行车健身、跳健身操，等等。

四

随着人民生活水平不断提高，1993 年潘楼村被评为天津市“小康村”，2000 年进入宽裕型“小康村”行列。2006 年村民结束了世世代代住平房的历史，搬进了宽敞明亮的新楼房，2015 年全村人均生活水平已达 22553 元。

潘楼村历经 600 余年，历代村民始终对故土不离不弃，含辛茹苦地耕耘着这块热土，度过了从黑暗走向光明的坎坷历程。追思历史，展望未来，记住乡愁，不忘乡情。我们坚信，在今后漫长的历史长河中，在上级党委、政府的坚强领导下，在村“两委”班子的带领下，在全体村民共同努力下，潘楼村明天会更加美好。

大事记

明

洪武年间（1368—1398）

潘楼村时隶属于静海县归德里。

建文年间（1399—1402）

潘姓军官随军由安徽迁至境域落户，建楼安家，故名潘家楼。

永乐五年（1407）

大雨连绵，河水暴涨，粮食无收。

成化十四年（1478）

五月，连雨，路可行舟，粮食无收。

嘉靖六年（1527）

大旱，蝗虫成灾。

嘉靖二十七年（1548）

七月，地震。

万历二十年（1592）

南、北运河决堤，村庄被淹。

万历四十七年（1619）

二月二十九，风沙大作昼如夜。

天启元年（1621）

降水四十余日，积水深丈余。

崇祯十一年（1638）

七月，飞虫遮天，人捕以为食。

清

康熙五十四年（1715）

春寒，四月初一尚有风雪。

雍正九年（1731）

天津府增设天津县，潘家楼村从静海县划入天津县。

乾隆元年（1736）

天津县布置地名人口普查，派员下乡绘制地形图，并标明当时人口、成分等。

嘉庆六年（1801）

各河大溢，天津城墙坍塌数处。

嘉庆二十四年（1819）

二月，京师地震，天津县连震数十次，房倒死伤惨重。

光绪二十六年（1900）

七月，义和团运动兴起。义和团首领刘呈祥（刘十九）率部在潘家楼村北一带与八国联军1000余人激战，多名村民加入义和团并参战（原村西井边有碑记载，因修地被挪走，现无存）。

中华民国

1913年

春旱，夏蝗，秋河水大涨。

1914年

水灾，庄稼被毁。

1920年

大旱，河干枯，民绝生路。

1922年

4月，第一次直奉战争爆发，波及潘楼村等村庄。

1924年

9月，第二次直奉大战爆发，战火波及潘楼村等村庄。
是年，大水成灾。

1928年

飞蝗遍野，禾苗一扫光。

1931年

蝗灾，麦无收。

1937 年

7 月，抗日战争爆发，潘楼等村庄相继沦陷。

9 月，国民党二十九军军长宋哲元为阻止日军进犯，扒开马厂减河，潘楼村所在地区洪水泛滥，洼地颗粒无收。

1939 年

潘楼村所在地区发生洪水灾害，村房屋倒塌，粮食绝收。

1942 年

日伪当局对所属实行“治安强化运动”。

是年，春旱。

1943 年

八路军冀中第八军分区派津南游击队进入潘楼村及其附近村庄开展宣传活动，村民刘其贵参加抗日队伍，之前亦有董山（老八路）参加八路军（具体时间不详）。

1944 年

村民在中共地下工作者的号召下，以官院房为中心挖地道，抗击日伪袭扰，保护村民的安全。孙广禄参加抗日队伍，之后在抗日战争中牺牲，被定为革命烈士，时年 22 岁。

1948 年

11 月，参加解放天津的解放军部队 200 余名指战员进村驻扎，村民纷纷腾房屋，安置解放军战士入驻，并踊跃参加支前工作。

是年，刘其贵在战斗中壮烈牺牲，被定为革命烈士，时年 22 岁。

1949 年

1 月 15 日，天津解放。

是月，村民李金树、孙殿杰、高云亭参加中国人民解放军。

4 月 10 日，李金良、赵崇仁、李金付、李金海加入中国共产党，李金良任支部书记。

中华人民共和国

1950 年

7 月，连降暴雨。

8 月，闹蝗灾，每平方米密度 300 余只。

是年，开展抗美援朝运动。李金树、孙殿杰、高云亭随军赴朝参战，村民吴少堂报名参加中国人民志愿军，赴朝参战。

是年，在官房院建小学校，有一名教师任教，官房院三间房当教室。

是年，扫盲工作开始。

1951 年

2 月 9 日，李金树在朝鲜五八四高地战斗中壮烈牺牲，时年 24 岁，被定为革命烈士。

11 月，土地改革运动开始，村内进驻土改工作队，历时 3 个月结束。

是年，村成立有 30 人参加的秧歌队。

1952 年

1 月，反贪污、反浪费、反官僚主义的“三反”运动开始。

是年，李金良任村党支部书记，李金海任村长。

1953 年

1 月 1 日，由天津县县长翟新签发的土地证发到村民手中。

是年，开展“五反”（反行贿、反偷漏税、反盗骗国家资财、反偷工减料、反盗窃国家经济情报）运动。

1954 年

3 月，李金海任郭村乡乡长。

是月，村成立互助组 2 个，共 12 户。

6 月，降暴雨，农田内涝，粮食减产。

1955 年

1 月，境内麻疹流行。

4 月，农村信用合作社成立，潘楼有 40 多户入股。

是年，村成立大众农业初级社，有 37 户参加，社长李金富，副社长刘其山。

1956 年

潘楼村和姚村、郭村、刘庄、马家寺、华庄子 6 个村成立永兴农业高级社，李金良任社长，李金海任副社长。潘楼村为四社，高振贤任四社社长。

李金良任郭村乡党支部书记，李金海任副书记。

1957 年

永兴高级农业合作社撤销，村成立高级农业社，下设 2 个队，后又分为 4 个队，张恩波任社长。

1958 年

2 月，村接收天津市公安局下放干部 40 余人。

8 月，人民公社成立，潘楼村成立潘楼生产大队（简称大队）。

是年，潘楼大队成立大食堂一个，并成立敬老院、幼儿园。

是年，潘楼大队通电，主要用于农业生产。

是年，潘楼大队安装第一步手摇电话机。

1959 年

冬，节粮度荒，全村分为两个食堂。

是年，潘楼大队各户全部安上电灯。

是年，潘楼大队接收安置市内下放“右派分子”8 名。

1960年

大队家家建立户口本。

发生涝灾，村北土地大部分撂荒。

潘楼被天津市定为半园田村，有菜田136亩。

1961年

2月，大食堂、敬老院、幼儿园解散。潘楼大队下设4个生产小队。

是年，响应毛主席号召，向海陆空要粮。北洼大部分土地都种上白高粱。贯彻“三自一包、四大自由”政策，社员分得自留地，允许个人开荒种植，秋季粮食丰收，大队小面积种植水稻。

1963年

8月，由于华北地区连降暴雨，海河流域水势骤涨，为保卫天津，潘楼大队组织多名壮劳力到独流减河防汛抗洪。

11月，潘楼大队安置静海县砖垛村八、九队分洪搬迁户。

1964年

潘楼大队派张文才参加西郊区举办的中西医结合医疗学习班，经8个月培训后，任大队红医站医生。

粗线条“四清”开始。

1965年

10月，开展社会主义教育运动，即细线条“四清”，潘楼大队进驻“四清工作队”。

是年，潘楼大队扩大水稻种植面积。

1966年

9月12日，付村公社召开大会，宣布“四清”运动结束。

是年，“文化大革命”开始。付村公社更名为先锋人民公社，潘楼生产大队更名为红星生产大队。

是年，大队党的组织生活基本停止。

1968 年

潘楼村革命委员会（简称革委会）成立，李金付任村革委会主任。

1969 年

天津市第一批知识青年 12 人到大队插队落户。

大队实行合作医疗制度。

大队实行“一元化”领导体制，撤销生产小队。

大队成立大车运输队。

1970 年

10 月，潘楼村建立党支部，恢复党组织生活。

是年，天津市第二批知识青年 25 人到村插队落户。

是年，大队接收安置天津市第一批市内疏散人口 14 户、71 人。

是年，大队建养鸡、养鸭场。

是年，大队种桃树 100 亩、葡萄 20 亩。

1971 年

大队接收安置天津市第二批市内疏散人口 13 户、54 人。

大队成立木箱厂、带钢厂、粉碎厂、印花厂和机床加工厂。

大队购买第一台电视机，供村民观看。

1972 年

12 月，“一元化”领导体制结束，潘楼大队又分为 4 个生产小队。

1973 年

天津市实行火葬，禁止土葬，大队统一执行。

天津市第三批知识青年 15 人到潘楼村插队落户。

1974 年

在枣园南侧建立新的大队办公房。

天津市第四批知识青年 4 人到潘楼村插队落户。

第一口水泥管机井打成使用，村民结束吃苦井水的历史。

大队成立农业科技组。

第四生产队筹款 1.2 万元购买一辆东方红牌 20 型拖拉机。

1975 年

大队成立托儿所和育红班。

1976 年

7 月 28 日，凌晨 3 时 42 分，唐山、丰南发生 7.8 级强烈地震，波及潘楼村所在地区。大队有 18 间房屋倒塌、28 间房屋有不同程度损坏，社员搭临建棚居住。

9 月 9 日，毛泽东主席逝世，大队搭建灵堂，社员们开展各种形式的悼念活动。

12 月，全村大部分劳力参加鸭淀水库一期工程建设，住小孙庄。

1977 年

3 月，鸭淀水库二期工程竣工，全村 100 多劳动力参加建设，住团洼村。

11 月，在公社统一安排指挥下，全村劳动力参加西大洼方田化建设。

1978 年

8 月，大队投资 4 万元打成第一眼全钢管饮水机井，井深 361 米。

是年，大队成立有色金属铸造厂。

1979 年

贯彻公社《关于四类分子摘帽和地富子女改变成分有关问题的通知》精神，潘楼大队给全部四类分子摘帽。

大队购买 55 型拖拉机一台。

1981 年

大队由原 4 个生产小队分成 8 个生产小队。

1982 年

大队筹款 9000 元购买嘎斯汽车一部。

1983 年

7 月，撤销生产大队管理体制，成立村民委员会，李玉成任村委会主任。
10 月，无塔机井自来水安装工程竣工使用，自来水入户，投资 1.3 万元。
是年，潘楼村成立印刷厂。
是年，村内实行联产承包责任制。

1984 年

潘楼村成立黑色金属铸造厂，与有色金属铸件厂合并，称潘楼村五金铸造厂。

1988 年

潘楼村安装电话分机，为村干部、各厂厂长等 20 余户安装电话机。
村对路灯升级改造。

1989 年

新建 3 家村办企业，分别是文教用品厂、化工厂和玻璃丝厂。

1990 年

10 月，村投资 13.5 万元，修通平房环村柏油公路。

1991 年

1 月 1 日，对 1958 年以后担任村党支部书记、副书记，村委会主任、副主任，以及“两委”班子成员，男满 60 周岁、女满 55 周岁，职龄 5 年以上的实行“退职金制度”。

是月，婚姻登记实行婚前体检。

1992 年

2 月，全村开通闭路电视。

是年，潘楼村被评为市级文明卫生村。

1993 年

6 月，村委会投资 25.4 万元用铸铁管从村西与市自来水管道接通。

12 月，潘楼村进入“小康村”行列。

1994 年

潘楼村购买 55 型拖拉机拖挂式小麦收割机一台。

潘楼村购买 60 型推土机一台。

全村对村民土地实行统一耕种、统一品种、统一浇水、统一收割。

1995 年

潘楼村购买自走式小麦联合收割机一台。

1996 年

10 月，总投资 100 万元的村办公楼（三层）竣工，建筑面积 914 平方米。

1998 年

6 月，村投资 15 万元建成旱田防渗渠道 3 条，全长 1400 余米。

2000 年

8 月 24 日，村民委员会举行换届选举，李玉成当选村委会主任。

9 月，村新建园田泵站，并在园田铺设波纹管喷水管道，全长 2000 余米，投资 16 万元。

11 月，潘楼村被天津市农村工作委员会命名为宽裕型小康村。

2001 年

11 月，村对平房自来水主管道进行翻修改造，投资 8.75 万元。

是年，村投资 16 万元建成红白理事会大院。

2002 年

4 月 17 日，潘楼村集体企业文教用品厂对村民公开拍卖。

5 月，村委会投资 140 万元翻修环村水泥路，并铺设 1500 余米上下水管道。

8 月 10 日，潘楼村投资 13 万余元修建的全钢管深井饮水扶贫井验收合格，正式投入使用，井深 590 米。

2003 年

3 月，村党支部换届选举，李玉云当选支部书记。

4 月，“非典”疾病流行，潘楼村派人把守村口，对来往人员进行消毒。

5 月 17 日，村民委员会换届选举，孙广江当选村委会主任。

2004 年

8 月，天津工业大学征占村土地 1227.7 亩建新校。

是年，潘楼村购买大型推土机一台。

2005 年

4 月 24 日，由中铁十八局承建的村民住宅楼剪彩开工。

9 月，潘楼村综合服务办公楼破土动工。

2006 年

3 月，村党支部换届选举，李玉云当选支部书记。

6 月 20 日，村民委员会换届选举，张志军当选村委会主任。

6 月 26 日，村向泓方公司借款 300 万元，年息 15%，用于发放村民生活费。

7 月 18 日，村投资 750 余万元新建的村综合服务办公楼竣工投入使用，占地约 8 亩。

9 月 20 日，村民住宅楼竣工，定名潘馨园，入住村民每人分得安家费 1.5 万元。住宅楼投资约 1.3 亿元，建筑面积 65391 平方米，共 700 套，占地约 84 亩。

9 月，潘楼村盛华物业公司成立，安置 200 余名村民就业。

是年，开始为村民发放生活费、过节费等，对村民新型农村合作医疗用款进行补贴。

2007年

5月，村开始修建住宅小区南面、西面柏油路，路宽10米，长650米，投资140万元。

2008年

5月，四川省汶川县发生特大地震，全村党员干部和群众积极捐款3.4万余元、捐物295件，支援灾区。

是年，住宅小区绿化工程动工。工业大学校园绿化养管移交给盛华物业。

2009年

1月15日，村党支部换届选举，李玉云当选支部书记。

4月12日，村民委员会换届选举，张志军当选村委会主任。

2010年

潘楼村接管天津市软件学院物业工作。

2011年

潘楼村收回村民种植的园田。

2012年

1月，为全体村民一次性加发生活费每人1万元。

3月1日，潘楼村村民还迁住宅楼（高层）开工，由天津一建公司承建，总建筑面积3.78万余平方米，配有地下室。

6月22日，潘楼村村民还迁住宅项目（高层）因种种原因停建。

7月16日，村党支部换届选举，李玉起当选支部书记。

8月1日，村对军人、复员退伍军人进行慰问。

8月27日，村民委员会换届选举，李玉峰当选村委会主任。

是年，春节期间，村“两委”对老党员、老干部进行慰问，发放慰问品。

2013 年

村投资 750 余万元对潘馨园住宅小区进行供暖改造。

村集资 1218 万元，年息 10%，用于发放村民生活费和供暖系统改造。

村向泓方公司借款 3000 万元，用于村庄建设。

2014 年

村投资 800 余万元对潘馨园住宅小区进行电力改造。

2015 年

4 月 8 日，村党支部换届选举，何俊起当选支部书记。

4 月 16 日，村投资 19.48 万元开工建设自来水管道增压工程，解决居住三楼以上村民吃水难的问题，4 月 30 日完工。

是月，村修建围墙和临时公路。

9 月 10 日，村民委员会换届选举，张长利当选村委会主任。

12 月 25 日，法院判决潘楼村所建还迁烂尾楼补偿天津一建公司建筑材料款 2050 万元。

2016 年

1 月 12 日，潘楼村小食品街招标 181 万元。

1 月 16 日，从即日起潘楼村潘馨园小区名称正式启用。

3 月 26 日，潘楼村确定村民实行福利待遇的规定。

7 月 6 日，村用 238 万元购买吴庄子村的骨灰堂，管理费 4 万元 / 年。

11 月 13 日，潘楼村位于民兴北路东侧、丰产河北侧约 455 亩土地被镇里征收，用于镇二期示范小城镇农民还迁安置用房项目开发建设。

是日，村先后召开 37 次会议通过精武镇示范小城镇潘楼村宅基地换房方案（2016 年 11 月 3 日第三次稿）。

11 月 26 日，潘楼村发放拆迁平房需要支付的各项资金及 2016 年村民生活费共计 5320 万元。

2017 年

1 月，潘楼村开始提高 0 ~ 17 周岁（享受村民待遇）村民的生活费，每人每月提高到 300 元。

3 月 4 日，村集体将在吴庄子村骨灰堂购买的骨灰穴位分给全体村民。

是年，潘楼村通过村民失地保险实施办法。

是年，小食品街原房屋租赁合同终止，重新签订房屋租赁合同。

2018 年

1 月 1 日，村委会决定，享受福利待遇的村民，即日起因病住院医药费给予再次报销。

6 月 22 日，潘楼村通过关于房屋转让的规定。

7 月 23 日，村给符合第一地块的村民补发失地保险金。

10 月 20 日，村结清 2006 年及 2013 年村民集资款本金。

是年，潘楼村对产权制度进行改革。

第一章 建置 隶属

据村中口碑资料记载，潘楼村自明代建文年间（1399—1402）建村，至今已有600多年历史。因时代变迁，其历史上行政隶属多有变化，至今隶属天津市西青区精武镇管辖。

第一节 地理位置

潘楼村是精武镇所辖18个村之一，位于精武镇北端，原名潘家楼村，今名潘楼村。

潘楼村东与姚村为邻，西与天津工业大学附属小学搭界，南和卓尔电商城相望，北与天津工业大学相连。

潘楼村西北距西青区政府13千米，南距精武镇政府1.6千米，东距市中心公园11千米，东南距天津机场23千米，距天津港55千米，距北京市界（大羊坊高速公路收费站）120千米。村北1.5千米处有地铁3号线大学城站，687路公交车在村设站直达天津西站，村东1千米处设天津师范大学公交站，有7条线路通往地铁站和市内各地。

第二节　行政隶属

一、新中国成立前

因时代变迁，其历史上行政隶属多有变化。明初，按赋役黄册进行编户，改唐旧制，每 110 户为一里，静海县编户 19 里，时潘楼建村前所在地隶属于归德里。

清朝，雍正九年（1731），潘楼村属天津县管辖。乾隆四年（1739），天津县将所辖村庄分为东南西北四路，潘楼村属西路。道光二十六年（1846），《津门保甲图说》刊行出版，内有潘家楼村，即今潘楼村。同治十二年（1873），潘楼村属张家窝地练。光绪二十四年（1898），《重修天津府志》记载潘楼村属天津县西乡。光绪三十年（1904），天津四乡巡警总局成立，潘楼村隶属巡警总局南局十二区。

1925 年，天津县划全县为 8 个区，潘楼村属二区。1946 年，抗日战争胜利后，国民党天津县政府调整区乡区划，潘楼村隶属天津县三区。1948 年，国民党天津县政府在乡村恢复保甲制，潘楼村等 5 村属张家窝乡第五保。

附 1：

日伪天津县时期隶属

1941 年，抗日战争爆发后，日伪政权在沦陷区推行所谓“强化治安”，在县以下政权推行大编乡制，潘楼村隶属天津县张家窝大编乡。

（引自《南河镇志》）

附 2：

民主政权时期隶属

1945 年抗日战争胜利后，中共领导的人民武装力量挺进敌后，在潘楼村所在地区普遍建立基层人民民主政权。潘楼村属中共津南县六区。1946 年 6 月，津南县划归中共山东省渤海区一地委领导，设津郊区，潘楼村隶属津郊区。1948 年 12 月，津南县改称天津县，潘楼村隶属天津县五区。

（引自《南河镇志》）

二、新中国成立后

1949—1950 年，潘楼村隶属天津县第五区。1951 年，天津县第五、六区合并，称天津县第五区，潘楼村隶属第五区不变。1953 年 5 月 14 日，津西郊区成立，设郭村乡，潘楼村隶属郭村乡。1958 年 8 月，农业社改为人民公社体制，将各乡合并，西郊区设红旗、东风 2 个公社。郭村乡并入红旗公社，改为郭村管理区。潘楼村隶属郭村管理区。9 月，天津市划归河北省后，裁撤西郊区行政建置，红旗人民公社划入河北省天津市南开区，潘楼村隶属南开区红旗公社郭村管理区。1959 年，红旗公社改为津西公社，潘楼村隶属南开区津西公社郭村管理区。1960 年 10 月，天津市将南开区津西公社的郭村管理区划入天津市和平区卫南公社，潘楼村隶属和平区卫南公社郭村管理区。1961 年 3 月，和平区卫南公社划分为 4 个公社，潘楼村隶属郭村公社。1962 年 2 月，天津市恢复西郊区建制，潘楼村隶属天津市西郊区郭村公社。1963 年 1 月，郭村公社分为 5 个公社，保留郭村公社名称，潘楼村仍隶属郭村公社。1964 年 12 月，小南河公社与郭村公社合并，更名为付村公社，潘楼村隶属付村公社。1966 年 10 月 10 日付村公社更名为先锋人民公社，潘楼村隶属关系不变。1969 年 7 月，小卞庄公社、付村公社合并为付村公社，潘楼村隶属付村公社。1983 年 6 月 26 日，付村公社更名为付村乡，潘楼村隶属关系不变。1984 年 7 月 12 日，付村乡更名为永红乡，潘楼村隶属关系不变。1986 年 1 月 17 日，永红乡更名为南河镇，潘楼村隶属关系不变。2009 年 1 月 13 日，南河镇更名为精武镇，潘楼村隶属精武镇至今。

潘楼村隶属沿革一览表

表 1

时期		隶属区县	区划名称	所辖村庄
明朝	洪武初年	静海县	归德里	姚村、潘楼、郭村、刘庄、马家寺，建村前所在地区
清朝	雍正九年（1731）	天津县		姚村、潘楼、郭村、刘庄、马家寺
	乾隆四年（1739）	天津县	西路	姚村、潘楼、郭村、刘庄、马家寺
	道光二十六年（1846）	《津门保甲图说》记载	境内村庄	潘家楼（今潘楼）、马家寺、郭贾村（今郭村）、朱家台（今不存）、刘家台（今刘庄）姚家村（今姚村）

续表 1

时期		隶属区县	区划名称	所辖村庄
清朝	同治十二年（1873）	天津县	张家窝地练	姚村、潘楼、郭村、刘庄、马家寺
	光绪二十四（1898）	天津县	西乡	姚村、潘楼、郭村、刘庄、马家寺
	光绪三十年（1904）	天津市四乡巡警总局	南局十二区	姚村、潘楼、郭村、刘庄、马家寺
中华民国	1925 年	天津县	二区	姚村、潘楼、郭村、刘庄、马家寺
	1941 年	天津县（日伪）	张家窝大编乡（日伪）	姚村、潘楼、郭村、刘庄、马家寺等 16 村
	1946 年	天津县	三区	姚村、潘楼、郭村、刘庄、马家寺
	1948 年	天津县	张家窝乡第五保	姚村、潘楼、郭村、刘庄、马家寺
抗日民主政权	1945 年 9 月	中共津南县	六区	陈台子、小卞庄、闫庄子、宽河、王庄子、孙庄子、吴庄子、牛坨子、大卷子、小卷子、郭村、姚村、潘楼、刘庄、马家寺
	1948 年 12 月	天津县	五区	姚村、潘楼、郭村、刘庄、马家寺
	1949—1952 年	天津县	五区	姚村、潘楼、郭村、刘庄、马家寺
	1953 年	津西郊区	郭村乡	姚村、潘楼、郭村、刘庄、马家寺、华庄子
	1958 年 8 月	西郊区红旗公社	郭村管理区	姚村、潘楼、郭村、刘庄、马家寺、华庄子
	1958 年 9 月	河北省天津市南开区	红旗公社郭村管理区	姚村、潘楼、郭村、刘庄、马家寺、华庄子（11 月华庄子划归工农联盟农场）
	1959 年	河北省天津市南开区	津西公社郭村管理区	姚村、潘楼、郭村、刘庄、马家寺
中华人民共和国	1960 年 10 月	河北省天津市和平区	卫南公社郭村管理区	姚村、潘楼、郭村、刘庄、马家寺
	1961 年 3 月	河北省天津市和平区	郭村公社	青凝侯、陈台子、闫庄子、小卞庄、宽河、大卷子、小卷子、牛坨子、王庄子、孙庄子、吴庄子、大南河、小南河、付村、郭村、姚村、潘楼、刘庄、马家寺、康庄子、房庄子、东琉城、西琉城、小甸子、西闫庄子、宫庄子、老君堂、董庄子、张家窝、高村
	1961 年 7 月	河北省天津市和平区	郭村公社	大南河、小南河、付村、姚村、潘楼、郭村、刘庄、马家寺、大卷子、小卷子、牛坨子、王庄子、孙庄子、吴庄子、闫庄子、小卞庄、宽河、青凝侯、张家窝、高村、陈台子、老君堂、董庄子

续表 1

时期		隶属区县	区划名称	所辖村庄
中华人民共和国	1962 年 2 月	河北省天津市西郊区	郭村公社	大南河、小南河、付村、姚村、潘楼、郭村、刘庄、马家寺、大卷子、小卷子、牛坨子、王庄子、孙庄子、吴庄子、闫庄子、小卞庄、宽河、青凝侯、张家窝、高村、陈台子、老君堂、董庄子
	1963 年 1 月	河北省天津市西郊区	郭村公社	付村、姚村、潘楼、郭村、刘庄、马家寺、小卷子、大卷子
	1964 年 12 月	河北省天津市西郊区	付村公社	付村、姚村、潘楼、郭村、刘庄、马家寺、小卷子、大卷子、大南河、小南河、边村、程村
	1966 年 10 月	河北省天津市西郊区	先锋公社	大卷子、小卷子、付村、姚村、潘楼、郭村、刘庄、马家寺、大南河、小南河、边村、程村
	1969 年 7 月	天津市西郊区	付村公社	大南河、小南河、付村、姚村、潘楼、郭村、刘庄、马家寺、大卷子、小卷子、牛坨子、王庄子、孙庄子、吴庄子、宽河、闫庄子、小卞庄、陈台子
	1983 年 6 月	天津市西郊区	付村乡	大南河、小南河、付村、姚村、潘楼、郭村、刘庄、马家寺、大卷子、小卷子、牛坨子、王庄子、孙庄子、吴庄子、宽河、闫庄子、小卞庄、陈台子
	1984 年 7 月	天津市西郊区	永红乡	大南河、小南河、付村、姚村、潘楼、郭村、刘庄、马家寺、大卷子、小卷子、牛坨子、王庄子、孙庄子、吴庄子、宽河、闫庄子、小卞庄、陈台子
	1986 年 1 月	天津市西郊区	南河镇	大南河、小南河、付村、姚村、潘楼、郭村、刘庄、马家寺、大卷子、小卷子、牛坨子、王庄子、孙庄子、吴庄子、宽河、闫庄子、小卞庄、陈台子
	1992 年 3 月	天津市西青区	南河镇	大南河、小南河、付村、姚村、潘楼、郭村、刘庄、马家寺、大卷子、小卷子、牛坨子、王庄子、孙庄子、吴庄子、宽河、闫庄子、小卞庄、陈台子
	2009 年 1 月至 2015 年 12 月	天津市西青区	精武镇	大南河、小南河、付村、姚村、潘楼、郭村、刘庄、马家寺、大卷子、小卷子、牛坨子、王庄子、孙庄子、吴庄子、宽河、闫庄子、小庄、陈台子

说明：明朝以前，村内行政隶属无考，本表从明朝初年至 2015 年 12 月，潘楼村的隶属变化复杂，此表供读者参考

第三节 行政设置

一、新中国成立前

清代中叶，改天津卫为天津州，旋升天津府，附郭置天津县。潘楼村由静海县划属天津县。潘楼村由此始设村政保甲制度，历时漫长，有一保四甲，村内各种事务由保长负责。1949年，潘楼村成立村公所，负责全村各项工作。

二、新中国成立后

1953年，津西郊区成立郭村乡，潘楼村设村长一名，负责村内行政工作。1954年，潘楼村成立农业互助组2个，共12户。1955年，潘楼村成立初级农业生产合作社1个，有37户社员。1956年，初级社转为高级社，潘楼等6个村联合成立永兴高级农业生产合作社。1957年，6村联合社取消，潘楼村单独成立高级社1个，下设2个小队，以后又分为4个小队。1958年，区委将高级农业生产合作社合并为人民公社建置，下设郭村管理区，潘楼村成立生产大队。1961年，潘楼生产大队下设4个生产小队。1969年，潘楼村撤销生产小队，实行大队“一元化”领导。1972年，“一元化”领导体制结束，全村又重新分为4个生产小队，1981年又分为8个生产小队。1983年，潘楼村由生产大队改为村民委员会建置，下设16个村民小组，2006年改为17个村民小组，2009—2015年改为16个村民小组。

第二章　自然环境

潘楼村位于华北平原东北部的滨海冲积平原上。河网密布、地势低洼，海拔（大沽水位）4米，所处地势大体上为西北高、东南低，为环月形的较高地带。

潘楼村所在地区地势低平、河道纵横，四季分明，自然资源丰富。2015年，村四周高楼林立，道路纵横，绿树成荫，形成一幅鸟语花香的画图。优越的地理位置，优美的自然环境，为村民的幸福生活奠定了坚实的基础。

第一节　水　文

一、河流

潘楼村及其附近村庄地势低平、河网密布，河流纵横交错。2015年，有二级河流3条，镇级以下河道因占地原因多被填平，排水变为地下管道直通污水处理厂或区二级河道。又因无耕地可种，镇级以下河道已失去原有的功能。

自来水河　为区级二级河道，西起南运河桑园闸，东至凌庄子水厂，流经潘楼村所在地区，位于村北1.5千米。原主要功能是为凌庄子水厂输水，现已无水可输，变为排水河道。

丰产河　为区级二级河道，西起南运河宜家院闸，东至津港运河，为区主要供水河道之一，流经潘楼村所在地区，位于村南端。

东西排总河　为区级二级河道，西起工农联盟农牧场西端104国道，东至外环线西侧河道管理二所，和西大洼排水河相通，承担西大洼范围内的排灌任务。位于村北3千米处，现村鱼池北。

附：

古河道

运粮河，元、明两代开凿，为南运河支流，从静海县良王庄与南运河分流，从老君堂北穿大卷子、小卷子、潘楼、姚村、付村至大南河出境，原有河影，现已无存。

（引自《南河镇志》和口碑资料）

二、坑塘

西坑（也叫大西坑） 位于村庄台西南侧，相传为立村时挖土垫庄台形成，占地约 4 亩，主要功能为排蓄沥水、饮牲畜、放鸭子、养鱼兼景观之用。

小河 位于村庄台东南角处，原形为一小水坑，占地约 1 亩，南侧有水沟和西坑相通。传为古运粮河故道，现早已填平盖房。

第二节 气 候

一、气候特征

潘楼村及其附近村庄属暖温带大陆性季风气候，具有四季分明、冬季漫长寒冷干燥、夏季炎热多雨的气候特点。

根据气候学平均气温划分四季标准，连续 5 天平均气温高于 10℃为春季，2010 年入春时间为 4 月 18 日、2011 年为 4 月 3 日、2012 年为 3 月 26 日、2013 年为 4 月 11 日，2014 年为 3 月 14 日、2015 年为 3 月 25 日。连续 5 天平均气温高于 22℃为夏季，2010 年入夏时间为 5 月 19 日、2011 年为 5 月 24 日、2012 年为 5 月 2 日、2013 年为 5 月 20 日、2014 年为 5 月 18 日、2015 年为 5 月 16 日。连续 5 天平均气温低于 20℃为秋季，2010 年入秋时间为 9 月 17 日、2011 年为 9 月 8 日、2012 年为 9 月 25 日、2013 年为 9 月 23 日、2014 年为 9 月 14 日、2015 年为 9 月 28 日。连续

5天平均气温低于10℃为冬季，2010年入冬时间为11月12日、2011年为11月13日、2012年为11月9日、2013年为11月17日、2014年为11月12日、2015年为11月6日。潘楼村及其附近村庄气候四季分明。

春季（3—5月）　随着太阳直射点北移，太阳高度角逐渐增大，日照时间逐渐变长，气温回升，天气转暖，蒸发旺盛，空气干燥，多风少雨，易出现春旱。当北方冷空气势力较强时，常会造成“倒春寒”现象，对越冬作物返青和春播作物不利。

夏季（6—8月）　为一年四季中太阳高度角最大，白昼时间最长，气温最高的季节，源于热带太平洋的东南季风，给潘楼村所在地区送去高温、高湿的气流，形成明显的雨季，降水集中，时有洪涝、冰雹、连阴雨等灾害天气发生。

秋季（9—11月）　暖湿气团势力减弱、冷空气开始活跃，气温下降，降雨明显减少。潘楼村所在地区低空有蒙古—西伯利亚高气压侵袭，高空仍被北太平洋副热带高气压所笼罩，大气稳定，晴朗少云，寒暖适中，为“秋高气爽”天气，利于大秋作物和水果的成熟与收获，有时也有秋旱和冰雹、霜冻天气出现。

冬季（12—2月）　在干冷的极地大陆气团的控制下，以晴为主，风多雪少，加之太阳高度角最小，白昼时间最短，气温为全年各季的低值，河水结冰，大地封冻。

二、气温

据西青区气象站1958—1995年观测统计，年平均气温为11.6℃。夏季（6—8月）气温最高，各月均温都在24℃以上；冬季（12—2月）气温最低，各月均温皆在–2℃以下；春秋季各月均温在4℃ ~ 20℃之间，寒暖适中。1—12月各月均温分别：–4.9℃、–2.4℃、4.7℃、13.3℃、19.8℃、24.1℃、26℃、25℃、20℃、13.1℃、4.4℃、–2.4℃。

潘楼村气温在一年中高低悬殊大，最热月年均温出现在7月，达26℃；最冷月年均温出现在1月，为–4.9℃。历年及累年各月平均最高气温为17.7℃，历年及累年各月平均最低气温为–6.4℃。

潘楼村位于暖温带，受海洋影响小，气候的大陆性特征显著，具有冬冷夏热、春秋温和、四季分明的特征。

三、日照辐射

潘楼村多年平均实际日照时数为2749.3小时。实际日照时数随季节变化而不同，一年中以春季日照时数最多，春末夏初的5月、6月达到鼎盛时期，月平均日照时数为292.1小时和275.3小时；进入7月、8月，雨季来临，日照时数明显减少，分别下降为232.1小时和234.4小时；9月又略有增加；12月是全年最小值，为180.6小时。太阳辐射是潘楼村所在地区地表获得光热能的主要源泉，因受气候条件的影响，实际得到的年总辐射量为127.4千卡/平方厘米·年，相当于理论应得到年总辐射量225千卡/平方厘米·年的56.62%。

潘楼村各月平均实际日照时数表

表2　　单位：小时

月份	日照实数	月份	日照时数
1	196.7	7	232.1
2	191.5	8	234.4
3	235	9	246.2
4	249.5	10	227.4
5	292.1	11	188.4
6	275.3	12	180.6

潘楼村各月平均实际太阳辐射值

表3　　单位：千卡/平方厘米·月

月份	辐射值	月份	辐射值
1	6.4	7	12.6
2	7.4	8	11.8
3	11.6	9	11.3
4	13.4	10	9.0
5	16.5	11	6.2
6	15.4	12	5.8

四、霜期与无霜期

霜是指气温降低到0℃以下，地表物体上凝结成白色冰晶。霜期一般是指白霜开始日期和终止日期之间的持续时间。潘楼村所在地区初霜日为10月19日，终霜日为翌年4月18日，霜期持续181天。一年365天除去霜期就是无霜期，有184天的无霜期，长达6个月的无霜期可以满足喜凉作物、喜温作物和喜暖作物生长的需要。

五、降水与蒸发

2010—2015年，潘楼村及其附近村庄年平均降水量为483.7毫米，降水以降雨为主。全年每月平均都有降水，但多在夏季，主要集中在6—9月，其他季节降水较少。2010—2015年6年中，最大降水量715.7毫米，出现在2012年；最小降水量274.3毫米，出现在2010年。年最大降水量为最小降水量的2倍多。2010年，降水量为274.3毫米、2011年为528.9毫米、2012年为715.7毫米、2013年为367.8毫米、2014年为432.8毫米、2015年为582.8毫米。

潘楼村及其附近村庄多年平均降水日为67.7天。降水日季节分配相差悬殊，夏季（6—8月）最多达32.7天，占全年降水日的48.3%；秋季（9—11月）次之有15天，占全年降水日的22.2%；春季（3—5月）转少，有13.6天，占全年降水日的20.1%；冬季（12—2月）最少，只有6.5天，占全年降水日数的9.6%。从农业生产需要来看，对农业生产有效的是日降水量10毫米或者大于10毫米的降水日数。年均有效降水日一般有15天，主要集中在夏季。潘楼村及其附近村庄雨季一般集中在6月底至8月底，以7月下旬和8月上旬最为集中，俗称为“七下八上”。

潘楼村及其附近村庄常年初雪一般出现在11月上旬，由于有暖冬现象，近年初雪比常年较晚。近6年初雪时间为：2010年12月28日、2011年12月2日、2012年12月1日、2013年12月17日、2014年12月7日、2015年11月22日。

从近6年冬季雪日情况看，多数年份超过五天。2010年10天、2011年6天、2012年3天、2013年15天、2014年2天、2015年7天。

潘楼村及其附近村庄在中纬度地带，日照充足，晴天多，蒸发量较大，蒸发量随着季节变化又差别很大。全年累计蒸发量为1819.1毫米，以5月份最大为289.4毫米，12月份最小为49.1毫米。

六、风

潘楼村及其附近村庄处于东亚暖温带季风气候区内，风向有明显的季节转换现象，冬季受蒙古—西伯利亚高气压中心的支配，气压梯度由大陆指向海洋，盛行偏北风；夏季受北太平洋副热带高气压控制，气压梯度从海洋伸向内陆，多吹偏南风；春秋两季为冬、夏风转换季节，高空盛行西风环流乘虚而入，以吹西南风为主。全年以西南风和静风频率最多。影响潘楼村所在地区的大风多出现在冬春两季，每年

7 ~ 8 级以上的大风天有 50 天左右。

第三节 物 候

立春（2 月 4—5 日） 气温明显回升，天气逐渐变暖，白昼渐长，土地逐渐解冻。

雨水（2 月 19—20 日） 严寒基本解除，土地逐渐返墒，蒸发量大，柳枝泛绿，始有大雁回归，可播种春小麦和大麦。农谚“七九河开，八九雁来”。

惊蛰（3 月 5—6 日） 土壤开化加快，河流解冻。冬眠中的虫、蛇开始复苏，即所谓“二月二龙抬头”。

春分（3 月 21—22 日） 昼夜等长，后白昼渐长。蒸发量增大，土壤失墒加快。芦苇等萌发，柳叶展绿，家燕回归。农谚“春分地气通”。

清明（4 月 4—5 日） 气温回暖，田野泛绿，生长季节开始，可播种春玉米和高粱。谚云“清明麦子挂纸钱”。

谷雨（4 月 20—21 日） 温度升高，降水量增加，偏南风较多，春播全面展开。谚云“谷雨前后，种瓜种豆”。

立夏（5 月 5—6 日） 气温迅速升高，干旱少雨，始有雷雨、冰雹，小麦已拔节孕穗。谚云“立夏麦呲牙”。

小满（5 月 21—22 日） 气温回升减缓，降雨量明显增多，易有冰雹。是稻田插秧最佳季节。

芒种（6 月 5—6 日） 麦类作物进入灌浆成熟阶段。气温升高，降水增多，且多雷雨、冰雹。谚云“芒种三天见麦茬”。

夏至（6 月 21—22 日） 日照时间最长的一天，为麦收抢种高峰时期，有“夏至东风摇，麦子水里捞”“吃过夏至面，一天短一线”的谚语。后白昼渐短，夜间渐长，进入汛期。

小暑（7 月 7—8 日） 气温高、湿度大、风小、天气闷热，降雨明显增多，进入盛汛期，多大雨或连雨天。

大暑（7 月 23—24 日） 进入伏天，是一年中气温最高的时期，湿度大、降水量大。开始种菜。有“头伏萝卜二伏菜”的农谚。

立秋（8 月 7—8 日） 天气炎热高峰已过，气温有所下降，早晚凉爽，伏天终止。谚云“立了秋、把扇丢”，但天气仍非常热。

处暑（8 月 23—24 日） 暑气渐弱且逐渐消失，气温下降加快，降水减少。春播玉米和高粱近于成熟。

白露（9 月 8—9 日） 日暖夜凉，秋高气爽，始种冬小麦。

秋分（9 月 23—24 日） 昼夜等长，后白昼日短，气温明显下降，冷空气活动加强，为播种冬小麦最佳时节。有“白露早，寒露迟，秋分种麦正当时”的农谚。

寒露（10 月 8—9 日） 气温继续降低，水稻成熟收割，大雁南飞。有“寒露刨葱，不刨准空”的农谚。

霜降（10 月 23—24 日） 天气渐冷，气温继续下降，植物生长期结束。时有冰冻降雪现象，始收秋菜。

立冬（11 月 7—8 日） 冬季开始，气温明显下降，土壤日融夜冻，降水由雨变成雪或雨夹雪，柳叶落尽。地面植物进入休眠期。农谚云“立冬不出菜，冻了你别怪”。

小雪（11 月 22—23 日） 多偏北风，风速加大，天气很冷。农谚有“小雪封地”之说，土壤结冻，河水结冰。

大雪（12 月 7—8 日） 农谚云“大雪封河”。河水结冰加厚，冻土加深。

冬至（12 月 22—23 日） 白昼时间最短，数九开始，多北风，天气更冷。

小寒（1 月 5—6 日） 严寒季节已到，气温下降趋缓，降水甚少。

大寒（1 月 20—21 日） 北风多，风速大，滴水成冰，进入三九是全年最冷时期，也是全年最后一个节气。有“小寒大寒，又过一年”的说法。

二十四节气歌

春雨惊春清谷天，夏满芒夏暑相连。

秋处露秋寒霜降，冬雪雪冬小大寒。

每月两节日期定，最多只差一两天。

上半年来六、二十一，下半年来八、二十三。

第四节　自然资源

一、土地资源

新中国成立初期，潘楼村有土地 3500 余亩。1951 年挖丰产河、1959 年挖自来水河、1979 年挖东西排总河共占地 800 余亩；1971 年南开区武装部民兵弹药库占地 40 亩，1991 年和平区环卫局占地 260 亩，1992 年市公安局占地 10 余亩、西青城肥占地 10 亩，2004 年天津工业大学占地 1227.7 亩。截至 2015 年，村内包括外环线绿化带仅存土地约 1219 亩，其中新村楼房占地 84 亩、鱼池占地 630 余亩、小城镇规划待建土地约 455 亩、零散土地 50 余亩。

二、水资源

潘楼村所在地区水资源主要由大气降水、地表水和地下水三部分组成。大气降水主要以降雨为主，夏季降雨较多，其他季节降雨较少，各年降水量也不稳定。地表水来源主要靠大气降水和城市污水补给。因无地可种，大气降水和地表水主要起到调节天气的作用，村民生活用水已全部用上自来水。地下水来自大气降水和河渠渗漏水、灌溉回归水，根据埋藏情况，潘楼村所在地区属深层淡水区，处于水程度较弱的地区。至 2015 年，村内仍有一眼机井每天使用，为平房租房户及村民提供用水。

三、野生动物资源

由于潘楼村所在地区地处平原，城市化进程迅速，很多野生动物已无生存空间，如狐狸、田鼠、河蚌等野生动物早已灭绝，现存动物主要有：

獾、黄鼬、野兔、刺猬、家鼠、蝙蝠、喜鹊、猫头鹰、燕子、麻雀、雁、乌鸦、野鸭、骨顶、啄木鸟、野鸽子、老鹰、野鸡、八哥儿、鱼鹰、蛇、壁虎、蜥蜴、青蛙、蟾蜍、鲢、鳙、草鱼、鲤、鲫、鲶、黑鱼、泥鳅、鳝、甲鱼、河蟹、青虾、白虾、麦穗鱼、嘎鱼、小布鱼、蜗牛、田螺、蚯蚓、水蛭、螳螂、蜻蜓、七星瓢虫、马蜂、蜈蚣、蜘蛛、蟋蟀、蝉、蚂蚁、土鳖、蝼蛄、地蚕、天牛、蝗虫、飞蛾、蝴蝶、菜青虫、绿早象、蚜虫、蚊、蝇、榆金花虫、潮虫、牛虻等。

四、植物资源

潘楼村所在地区植物除人工种植的粮食作物、经济作物、林果树木、花草外，野生植物众多，但随着环境的变迁，很多野生植物也已灭绝，现存的野生植物主要有：

芦苇、蒲子、河乐、马蔺、马齿苋、蒲公英、苦菜、喇叭花、狼尾巴稞、茅草、马绊草、稗羊草、香蒿、艾蒿、灰灰菜、刺菜、车前草、黄须菜、鸡爪草、浮萍、猪猪草、好汉拔等。

除以上自然资源外，潘楼村所在地区还有地热资源、光能资源、水分资源、风力资源等。

第五节　自然灾害

一、地震

1966年邢台地震和1967年河间地震均波及村内，有震感，未成灾。1976年7月28日凌晨4时左右，河北省唐山、丰南7.8级地震，波及村内，倒塌房屋18间、损坏房屋28间，全大队社员均在村内空地搭建防震棚居住，至冬前才陆续搬回屋内居住。

二、其他灾害

历史上各种自然灾害频发，曾给当时的农业生产及人民群众生活带来很大损失。潘楼村所在地区的自然灾害主要有：旱灾、涝灾、冰雹、干热风、霜冻、风灾、麦收连雨天、低温冷害、蝗灾、小麦芽虫、稻飞虱、玉米螟和各种蔬菜病虫害。

1939年，天津地区连降大雨，河水泛滥，造成灾害，村内农田被淹，危及村庄。1954年，发生新中国成立以来的第一次洪水，天津地区汛期降水量超过1939年，各河系洪峰相继涌向天津。村内农田积水至膝，可以捕鱼，村民拉着笸箩到地里收高粱。1963年，受海河上游影响，独流减河发生洪峰，村内壮劳力全部投入抗洪抢险护堤战斗，全村各户均接收静海灾民居住。

第三章　人　口

根据村中耄宿相传，元末明初本地已有人居住，先是李姓和王姓在此安家落户。后明代建文年间（1399—1402），潘姓将军建潘家楼村开始，陆续从各地迁至的人数逐年增加。至2015年底，全村19个家族中有13个姓氏；全村共1003人，其中农业人口910人、非农业人口93人，已婚人口647人，劳动力446人，60岁以上老人160人，未满18岁304人。

第一节　人口数量

建村初期，人口数量已无从考查。清同治版《天津县志》记载，时潘楼村有60户、人口332人。

国务院于1953年、1964年、1982年、1990年、2000年、2010年先后进行了六次人口普查。1953年为328人，1964年为490人，1982年为732人，1990年为797人，2000年为823人，2010年为851人。2015年底，人数为1003人，其中农业人口910人、非农业人口93人，少数民族人口有满族1人、蒙古族1人。

表4　　2015年潘楼村农业、非农业人口数统计表　　单位：人

	户数	总人数	男	女
农业	364	910	422	488
非农业	23	93	51	42
合计	387	1003	473	530

第二节　人口构成

一、姓氏构成

新中国成立前，天津地区旱涝灾害很多，连年不断。1937 年俗称开小口子水（小型水灾），1939 年俗称开大口子水（大型水灾），平地水一米多深，庄稼颗粒无收，全村人都到市里搭窝铺，家中劳力想尽办法养家糊口。有人进工厂干小工，有做小买卖，也有典当家中东西维持着糠菜半饱；还有些人家就远走他乡闯关东去了，如张贵馨张六爷、董茂林、田大宝；也有留在天津市里没回村的，如田万邦、张维金、孙殿友、刘连弟、高振周等。因此，村中 180 余年只增加 29 人。

2015 年潘楼村姓氏人数统计表

表 5　　　　单位：人

姓氏	人数	姓氏	人数	姓氏	人数	姓氏	人数	姓氏	人数	姓氏	人数	姓氏	人数	姓氏	人数
李	201	孙	147	张	125	刘	76	高	156	王	43	董	27	魏	21
田	16	杨	16	左	14	韩	14	华	13	牛	13	陈	10	何	9
赵	8	靳	8	戴	5	徐	5	马	5	肖	4	于	4	吕	4
朱	4	郭	4	边	4	冯	3	吴	3	宋	3	安	3	崔	3
康	3	周	3	扈	2	房	2	方	2	来	2	谢	1	宫	1
葫	1	庄	1	岳	1	杜	1	祝	1	尹	1	秦	1	齐	1
孟	1	邓	1	史	1	费	1	卜	1	丁	1	付	1	任	1
花	1	兰	1	常	1	蒋	1	姚	1	屈	1	石	1		

说明：潘楼村共有 910 人，63 个姓氏，其中百人以上的有 3 个，一人姓氏的有 25 人

二、户籍性别构成

至 2015 年底，全村农业人口男性 422 人，非农业男性 51 人，农业女性 488 人；非农业女性 42 人。有劳动力 446 人。

2015 年 13 个姓氏中男女结构表

表 6　　单位：人

		李	孙	张	刘	高	王	魏	董	田	华	何	赵	戴
农业户	户	109	73	55	35	29	14	13	13	8	6	4	3	2
	男	128	89	66	43	30	14	13	15	8	7	5	2	2
	女	151	102	67	42	34	19	18	17	13	11	6	4	4
非农业户	户	2	4	6	8	2	0	0	0	0	0	0	1	0
	男	13	7	9	11	4	1	1	1	2	1	0	1	0
	女	8	7	7	12	5	2	0	0	0	0	0	1	0

说明：表中包含非农业户

三、文化构成

新中国成立前，村里家中有条件的念过几年私塾，或能在冬闲时念上冬三月就算识字人。新中国成立后，普及小学教育。1953 年村里创办夜校，开始扫盲工作。当时，50 岁以下村民参加扫盲班上夜校和上速成班。1956 年以后，青年基本普及初中，至 2015 年大专以上学历 116 人、高中 88 人、初中 369 人。

2015 年潘楼村文化程度统计表

表 7　　单位：人

大学及以上	占总数%	高中中专	占总数%	初中	占总数%	小学	占总数%	文盲半文盲	占总数%
116	11.6	88	8.8	369	36.8	318	31.7	22	2.2

说明：此表不包括学龄前儿童 90 人

四、婚姻与职业构成

截至 2015 年，总人口 1003 人中，已婚 647 人占 64.5%；丧偶 33 人占 3.3%；离婚 14 人占 1.4%；复婚 8 人占 0.8%。60 岁以上老年人 160 人，未满 18 岁 304 人。

2015 年潘楼村村民婚姻状况表

表 8　　单位：人

总人数	已婚	占总数%	丧偶	占总数%	离婚	占总数%	复婚	占总数%
1003	647	64.5	33	3.3	14	1.4	8	0.8

2004 年以前，全村劳力百分之八十从事农业。2004 年以后，天津工业大学占用

村土地1227亩。村里成立了盛华物业管理有限公司，在物业公司上班232人，小区后勤工作人员12人，其余大部分都是自谋职业，包括自家开工厂、搞建筑、开超市、开早点部、开饭馆、送快递、开出租车、做小买卖、开公交车等；还有一部分村民出租房，全村364户农业户中有70%人家出租房，有长租、有短租。

第三节 姓 氏

一、王姓

王氏先祖相传明朝初年到此居住，王姓至2015年底有14户36人。

二、李姓

李姓先祖相传明朝初年由河北青县迁至此，至2015年底有111户300人。

三、董姓

董姓先祖何时何地迁至潘楼村无考，至2015年底13户33人。

四、张姓

张姓同源异宗分三族。其一张姓先祖原先以买盐为生，清乾隆四十三年（1778）由山西迁至潘楼村，至2015年底为33户85人，代表人物张志明。其二张姓先祖何时迁至潘楼村无考，至2015年底有26户59人，代表人物张万发。其三张姓先祖于清光绪十五年（1889）由大南河迁至潘楼村，至2015年底有2户5人，代表人物张云生。

五、高姓

高姓高士连清光绪年间（1875—1908）由北京迁至潘楼村落户，至2015年底有31户73人。

六、赵姓

赵姓同源异宗分两族。其一赵姓先祖何时何地迁至无考，至 2015 年底有 1 户 1 人。其二赵建国于 1999 年由河北省香河县迁至，至 2015 年底为 3 户 7 人。

七、魏姓

魏氏先祖于清光绪年间（1875—1908）迁至潘楼村，至 2015 年底为 13 户 32 人。

八、戴姓

戴氏先祖于清嘉庆末年迁至潘楼村，至 2015 年底为 2 户 6 人。

九、田姓

田氏先祖于清光绪年间（1875—1908）从马家寺迁入潘楼村，至 2015 年底有 8 户 23 人。

十、华姓

华姓华桂荣系华庄子人，于 1944 年迁至潘楼村，至 2015 年底为 6 户 19 人。

十一、何姓

何姓何茂亭于 1916 年由山东省乐陵县朱集镇张存志村孤身一人到东琉城村教书，1928 年到潘楼教书，后落户，至 2015 年底为 4 户 11 人。

十二、刘姓

同源异宗分三族。其一刘姓先祖于清嘉庆八年（1803）由山东迁至潘楼村，至 2015 年底为 26 户 66 人，代表人物刘其祥。其二刘姓先祖于光绪初年由河北省沧县达家店迁至潘楼村，至 2015 年底为 12 户 30 人，代表人物刘文彬。其三刘氏先祖于光绪三十年（1904）由山东迁入潘楼村，至 2015 年底为 5 户 12 人，代表人物刘玉田。

十三、孙姓

同源异宗分两族。其一孙氏先祖于清光绪年间（1875—1908）迁至潘楼村，从何处迁至无考，至 2015 年底为 66 户 179 人，代表人物孙殿增。其二孙文发于 5 岁时随其父迁到潘楼村，至 2015 年底为 11 户 26 人。

第四节 计划生育

一、机构

20 世纪 70 年代，计划生育工作全面开展，由村妇联主任兼管。1988 年，村里成立计划生育协会和村计划生育领导小组，由村主任主管。经过若干年的工作，村里的人口出生率有了明显的下降，1950 年以前平均每户平均 3.95 个孩子，到 1971 年后各户平均 1.37 个孩子。

2001—2015 年潘楼村计划生育情况表

表 9 单位：人

年度	已婚妇女数	一孩妇女数	%	二孩妇女数	%	多孩妇女	%	综合节育措施	%	新生人数	‰	领独生证	%	领独孩补助
2001	209	122	58	43	21	43	21	175	84	11	5.3	84	40	1
2002	211	124	59	44	21	43	20	177	84	15	7.1	85	40	2
2003	213	125	59	45	21	43	20	179	84	8	3.8	87	41	2
2004	214	125	58	46	21	43	21	163	76	19	8.9	88	41	3
2005	217	127	59	47	22	43	20	166	76	16	7.4	90	41	3
2006	218	127	58	49	22	42	19	170	78	11	5	91	42	3
2007	221	128	58	50	23	42	19	175	79	17	7.7	93	42	3
2008	225	130	58	52	23	42	19	178	79	10	4.4	96	43	3
2009	227	133	59	53	23	41	18	182	80	12	5.3	98	43	3
2010	230	123	53	54	23	41	18	188	82	9	3.9	101	44	3
2011	235	138	59	56	24	41	17	192	82	13	5.5	105	44	3
2012	241	140	58	60	25	41	17	195	81	7	2.9	108	45	3
2013	248	141	57	64	26	41	17	201	81	8	3.2	110	44	5
2014	256	145	57	70	27	41	16	204	80	14	5.5	114	45	7
2015	263	149	57	73	28	40	15	206	78	9	3.4	118	45	13

表 10　　2000—2015 年潘楼村新生儿情况表　　单位：人

年度	新生儿			政策内一胎			政策内二胎			增长率	人口总数
	合计	男	女	合计	男	女	合计	男	女	‰	
2000	11	5	6	7	3	4	4	2	2	2.4	823
2001	11	4	7	8	3	5	3	1	2	2.4	825
2002	15	6	9	10	4	6	5	2	3	6	825
2003	8	4	4	5	2	3	3	2	1	1.2	826
2004	19	11	8	9	5	4	10	6	4	4.8	830
2005	16	8	8	9	6	3	7	2	5	4.8	834
2006	11	4	7	4	2	2	7	2	5	2.4	836
2007	17	8	9	10	5	5	7	3	4	3.6	839
2008	10	7	3	9	7	2	1	0	1	2.4	841
2009	12	3	9	10	3	7	2	0	2	5.9	846
2010	9	4	5	8	4	4	1	0	1	5.9	851
2011	13	6	7	9	4	5	4	2	2	11.6	861
2012	7	5	2	3	3	0	4	2	2	6.9	867
2013	8	5	3	4	3	1	4	2	2	8	874
2014	14	7	7	8	3	5	6	4	2	24.6	896
2015	9	2	7	6	2	4	3	0	3	15.4	910

说明：由于 2014 年、2015 年改变户口迁移政策，有多人迁入本村

表 11　　1930—2015 年每户出生人口对照表　　单位：人

1930—1950			1951—1970			1971—2015		
户数	子女数	平均	户数	子女数	平均	户数	子女数	平均
65	257	3.95	83	124	1.49	180	248	1.38

自 2005 年开始，凡独生子女父母在 60 岁以上，可领取独生子女补助费，每人每月 200 元。到 2015 年底 13 人享受此待遇。

表 12　　2015 年潘楼村享受独生子女补助费人员表　　单位：人

姓名	性别	出生年月	姓名	性别	出生年月
张文珍	女	1938.8	李玉田	男	1953.11
李玉章	男	1942.5	李玉祥	男	1954.12
陈金英	女	1944.7	张志泉	男	1954.12
张士梅	女	1953.11	王景香	女	1955.1

续表 12

姓名	性别	出生年月	姓名	性别	出生年月
刘长友	男	1955.3	李玉财	男	1955.9
刘振琴	女	1955.4	吕少华	女	1955.11
张万河	男	1955.8			

第五节　人口安置

一、知识青年安置

1969—1975 年，村内先后安置知青共计 56 人。

潘楼村知识青年安置统计表

表 13　　单位：人

1969 年		1970 年		1973 年		1974 年		合计
男	女	男	女	男	女	男	女	
5	7	14	11	7	8	1	3	56

自从 1969 年村里安置第一批知青起，村里腾出公共的房屋供他们居住。他们自己起火做饭，没有劳动农具，就找周围的村民借，后来他们自己购买了简单的农具。

村内从第一批知青开始就陆续有选调任务。1970 年张东生参军，1971 年马俊超被选调成为教师，1972 年王振声被选调自来水公司、张立生被选调到天津消防队。1973 年后被选调的人越来越多，孙月英到硫酸厂，李淑琴到粮食局，孙广玉、季佐、付玉华到西青区供销社，侯秀成、耿德江参军，付玉华、季平到卷烟厂，葛淑岩到手表厂，等等。截至 1982 年，村内知青都返回城里。

二、城镇疏散人口安置

1970—1971 年，村里先后分两批接收安置城镇疏散户，共 27 户 125 人。疏散人员 1976—1982 年大部分陆续返回市区，少数在农村扎根落户。

潘楼村疏散人口接收统计表

表 14　　　　　　　　　　　　　　　　　　　　　　　　　单位：人

第一批接收		第二批接收		合计	
户数	人数	户数	人数	户数	人数
14	71	13	54	27	125

潘楼村接收疏散人口明细表

表 15　　　　　　　　　　　　　　　　　　　　　　　　　单位：人

户主姓名	人口数	户主姓名	人口数	户主姓名	人口数
张维金	5	石德全	7	张长来	4
葛守福	4	赵永岑	4	刘井瑞	6
李玉田	2	季　佐	4	苑玉祥	5
付祉祯	6	张新华	7	耿德江	5
张同欣	7	崔荣华	6	周玉山	5
刘希顺	6	王秀兰	5	常　勇	5
李德连	4	王秀林	4	黄玉珍	6
孙进财	5	倪春林	3	祁宝臣	3
侯秀成	1	任再华	3	叶宝忠	3

疏散人口到村后，村领导组织村中有闲房的人家腾出空房给他们居住，如李德连住李金龙家，孙进财住刘其山家，王秀兰住孙殿文家，刘井瑞住张文玉家，等等。1972 年，村里在枣园给他们盖了两排 20 间新房，供他们居住。自 1973 年起，疏散人口陆续有被选调去单位上班的，或回城、参军的。

第四章　农村经济制度变革

新中国成立前，土地均为私有，农村多阶层土地占有量相当悬殊。潘楼村是一个典型的佃户村，村民靠租种张姓地主土地维持生活。

1950 年后，农村实行土地改革，没收地主的土地、耕畜、农具、房屋等财产，分给无地或少地的农民。1953 年 1 月，天津县向农民发放土地证，从法律上肯定了其所有权。

经过土地改革，农民分得了土地，废除了剥削制度，生产力得到解放。为彻底推翻封建土地所有制，中国共产党领导广大农民开始走集体化道路。1954 年，村内成立两个互助组。1955 年，成立初级农业生产合作社一个，1956 年又转为高级农业生产合作社。1958 年，区委将高级农业合作社合并为两个人民公社，潘楼村成立生产大队。为打破“大锅饭”的生产方式，1983 年村内实行了联产承包责任制。由于大学城和村镇建设占地，2011 年村内结束农业生产历史，陆续实行领取失地保险退休金和按股份分红的分配方式。

第一节　封建土地制度

潘楼村土地权属大致经历两个阶段。第一个阶段，即从明永乐初年开始，大部分土地基本上属于官田；第二阶段，即从明景泰末年至清末延至新中国成立前，大部分土地基本上属于民田。

一、封地：明永乐年间（1403—1424），朝廷对一些军功显赫的将士册封土地。潘楼村潘姓即以封地获得土地所有权，封地建村。

二、龙票占地：龙票为明代皇帝诏令户部对迁民占地的指令，限令若干年不缴纳赋税。特别是随“燕王扫北”有功者身带龙票指手为边圈占土地，官府发给地契文书。

三、跑马占地：始于明初，以自身能力占据靠近水边土质较好的土地，移民垦荒所占土地，官府承认其土地使用权并记入鱼鳞册内，3 ~ 5 年免收钱粮。

新中国成立前，潘楼村所在地区土地为私人所有。村镇的富户豪绅凭借财势广置田产，占农户 6% 的地主、富农拥有 70% 以上的土地，绝大多数农民沦为佃户。

地主剥削农民的主要手段是出租土地和雇工。

1. 出租土地

农民租种地主的土地，要缴纳地租。地租有实物地租和货币地租两种。实物地租，产量越高，地租越重。旱地一般是三七分（出租者三，租地者七）。货币地租，每年固定租额，春秋两季交纳，不管旱涝分文不少，比实物地租更残酷。

2. 雇工

地主、富农雇佣农民有长工、短工之分。长工以年计，可得 6 石 ~ 8 石玉米（每石 75 公斤）。短工即日工，每日 2 升玉米。

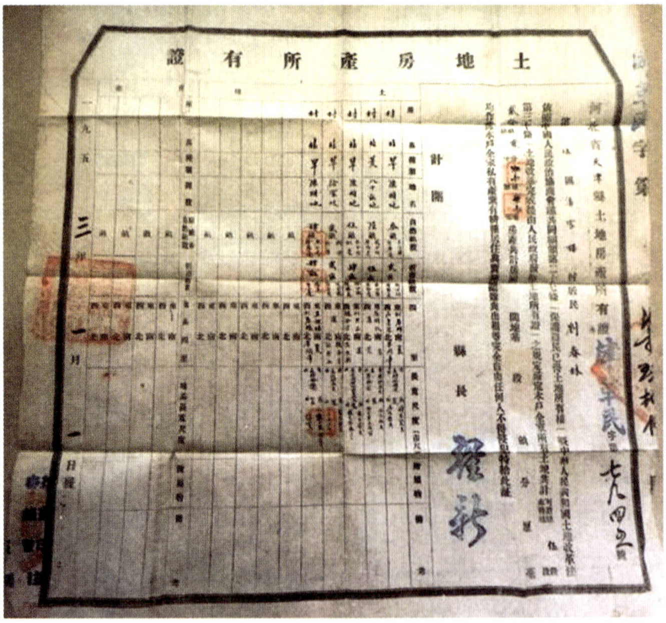
土地房產所有證

地契（2015 年摄）

第二节　土地改革

1950 年，土地改革（简称土改）开始，以民主评定方式划分阶级成分，没收地主的土地、耕畜、农具、房屋等财产，分给无地、少地的农民。

1951 年 11 月，包括潘楼村在内的天津县第五区所辖的 77 个村分三批进行土改，至 1952 年 2 月结束。1953 年 1 月天津县向农民发放土地证。

1954 年 12 月开始土改补课，着手解决土改遗留问题。历时 4 个月，对漏划的地主重新划定。新中国成立前地主发放的债务、高利贷一律废除。

第三节　农业合作化

一、互助组

土地改革后，农民生产情绪高涨。1954 年，潘楼村成立互助组 2 个，有 12 户农民参加。第一互助组 5 户，第二互助组 7 户。互助组的组织形式是土地私有、资源结合、互帮互助、不计报酬。

二、初级农业生产合作社

1955 年 3 月，潘楼村成立大众初级农业生产合作社 1 个，社长李金富、副社长刘其山。初级社的分配原则是，对入社的生产资料进行评估作价，社员实行工分制，物和劳三七分配，每个社员都有一个记工本，晚上到队部由记工员填写一天所得分数，年终决算。

三、高级农业生产合作社

1955 年 11 月 10 日，天津市召开三级干部会议，布置西郊区农业合作化运动。1956 年 1 月 5 日至 12 日，西郊区仅用 7 天时间便由初级社转为高级社。当时潘楼村和姚村、郭村、刘庄、马家寺、华庄子 6 个村成立永兴高级农业合作社，李金良任社长、李金海任副社长。潘楼村为四社，高振贤任四社社长。1957 年，永兴高级农业合作社撤销，潘楼村单独成立了高级社，张恩波任社长，下设 2 个队。之后又分为 4 个队。高级社的分配原则是，按劳分配，实行工分制，年终按每个劳动力的工分数量进行分配。超产粮按人三劳七进行分配。

四、人民公社

1958 年 8 月，中共中央发出《关于在农村建立人民公社的决议》，区委将 28 个高级农业合作社合并为两个人民公社，潘楼村属于红旗人民公社郭村管理区，潘楼村成立生产大队，下设 4 个生产小队。

公社化初期村成立大食堂，并成立敬老院、幼儿园，1959 年全村又分为两个食堂。

1959 年冬，开始节粮度荒。1960 年发生涝灾。三年自然灾害开始，村内出现“瓜菜代”现象，即社员以野菜、麸皮、酱渣、榆钱儿等作为代食品，以这种方式节粮度荒。1961 年 2 月，大食堂、养老院、幼儿园等解散。

1961 年，响应上级向海陆空要粮和“三自一包，四大自由”的政策，允许个人开荒种植以弥补口粮的不足。

1968 年 1 月，掀起了“农业学大寨”的高潮，推行大寨式评工记分制度，同时在生产上强调“以粮为纲”，限制多种经营，停止和削弱工副业和林、牧、渔业的发展。1969 年，潘楼大队撤销生产小队，实行大队“一元化”领导，由大队统一管理、统一核算。1972 年，“一元化”领导体制结束，全大队为 4 个生产小队。1974 年，大队农业科技组为改良农作物品种，提高粮食产量发挥了作用。同时大搞农田水利基本建设，改土治碱，使粮食产量大幅度提高。1981 年又分为 8 个生产小队。

人民公社的领导体制是“三级所有，队为基础”的大寨式评工计分办法，采取自报公议的形式进行评定，先由自己自报工分，再由社员会议评定进行确定。

五、联产承包责任制

1983 年，村内实行联产承包责任制，将土地、牲畜、农具等分到各户经营，人民公社和生产队体制结束。分田到户开始，耕种、收割等生产环节由各户自己负责。1994 年，村购买 55 型拖拉机拖挂式小麦收割机和 60 型推土拖拉机各一台，对村民土地实行统一耕种、统一品种、统一浇水、统一收割，村派车将所收的粮食送到各户。

2006 年天津工业大学占地后，村民只剩少量园田。2011 年，村又将园田全部收回。至此，村民结束种地历史。村里给村民陆续缴纳失地保险，村民领取退休金；村集体经济组织实行股份制，享受村集体经济组织成员资格的村民每年按股份进行分红。

第五章　农　业

农业分为种植业和养殖业。种植业中主要有粮食作物、经济作物、蔬菜和林果种植；养殖业主要为畜禽养殖和水产养殖。

1958 年前，村民从事分散农业生产。公社化后，村民均参加生产队集体生产劳动，实行工分制。

村内粮食作物主要以小麦、玉米、高粱、水稻为主，兼种一些小杂粮。新中国成立前，由于土地盐碱化程度大，亩产不足百斤。从 1950 年开始，经过几十年的改土治碱，挑沟挖渠，使村内土地质量大大提高，亩产增至千斤以上。

新中国成立初，蔬菜生产以自食为主。1960 年后，为园旱兼作区。

林果生产和养殖业在村内发展规模不大。

潘楼村的农业生产经历了一个由最初的分散经营，过渡到集体经营，而后转为联产承包经营，至 2011 年彻底终止的过程。

第一节　主要农业生产要素

一、劳动力

新中国成立前，男劳动力从事农业生产，女劳动力养猪、养鸡及从事家务，农忙时辅助农业生产。1956 年后，高级农业生产合作社取消土地分红，百分之百的男劳动力和百分之七十的女劳动力从事农业生产。1958 年人民公社成立后，男女劳动力全部投入到农业生产中去。1969 年，城市知识青年上山下乡和 1970 年城市疏散人口到村后，村内劳动力数量约增加百分之十左右。1965—1980 年，每年约有百分之五左右的劳动力参加上级组织的河工工程。

公社化前，农村劳动力主要从事分散农业生产。冬三月和农闲时，主要从事捡柴火、拾粪、到市内卖柴火、粜粮食和打零工；没事时，串门、闲聊、猫冬。人民公社以后，男女劳动力全部从事生产队农业劳动。每天挣 10 分的壮劳力为整劳力，每天挣 10 分以下的年老体弱和半大小子及妇女为半劳动力。半大小子又叫“二倒”，已婚妇女叫“大妇女”，青年妇女叫“小妇女”。“二倒”一般每天挣 5 ~ 9 分，妇女一般每天挣 6 ~ 7 分。

1975 年潘楼村组织及劳动力统计表

表 16

生产大队个数	生产队个数	户数（户）	其中：贫下中农户数	人口（人）	其中：贫下中农人口	劳动力个数（人）	整劳力（人）		
							小计	男	女
1	4	157	147	730	630	395	319	190	129

生产队劳动一般根据季节，每天早晨天一亮上工，先到集合地点由生产队队长派工，有时队长也利用广播派工，然后下地劳动。早 7 点先回家吃饭，8 点开始上午劳动，中午 12 点下工，下午 1 点半上工，下午天黑下工，夏收和秋收时晚上还要加班，冬天有时早上不上工。当时上工的习惯，村民们叫“三上朝”。村民在春、夏、秋季主要在农田从事农业生产，下雨天还要背着化肥到北洼稻地撒化肥、挠秧（锄草）；冬天农闲时到市内拉岗子（煤球灰）、挖河泥，从事积肥活动。

附：

工分制村民收入

生产队实行工分制，即每年由生产队召开社员会议，对每名社员按劳动能力评定工分。到 20 世纪 70 年代“农业学大寨”时，又实行过“自报公议”评分办法，即在社员大会上先由本人自报值多少分，再由全体社员评定，或增或减。年终按工分进行决算分配。

当时生产队的分值低时每分工只有 0.06 ~ 0.07 元。1971 年大队每分工 0.145 元，第四生产队 1982 年达到每分工 0.162 元，1983 年达到每分工 0.191 元。由于分值低，年终分红时社员分到的现金很少，有时生产队没钱兑现还要给社员打白条，有部分社员全家干一年活年终分红时扣除所分口粮、蔬菜后还亏欠队里，春节时生产队借给十几元钱才能买个猪头过年。

1970 年潘楼大队社员年终决算明细表

单位：分、元

姓名	全年全家工分	分值	应得金额合计	已预支现金实物	找与亏		实领金额	结转下年金额
					找款	亏队		
张恩付	6686	0.102	681.97	740.99	—	59.02	—	—
李金星	3429	0.102	349.76	425.43	—	75.67	—	—
李金良	3763	0.102	384.23	426.03	—	41.80	—	—
李金生	3863	0.102	394.03	303.67	90.36	—	90.36	—
李桂芬	1839	0.102	187.58	226.75	—	39.17	—	—
孙国安	3372	0.102	343.94	287.15	56.79	—	56.79	—
高振山	5603	0.102	571.51	658.44	—	86.93	—	—
高云才	3691	0.102	376.48	329.27	47.21	—	47.21	—
董怀春	11520	0.102	1175.04	994.50	180.54	—	167.54	13.00
孙广起	3303	0.102	336.91	390.14	—	53.23	—	—
王金生	6686	0.102	681.97	717.17	—	35.20	—	—
孙广顺	3221	0.102	328.54	477.84	—	149.30	—	—
田志海	2033	0.102	207.37	142.67	64.70	—	42.70	22.00
刘其正	9410.3	0.102	959.85	797.92	161.93	—	136.93	25.00
孙广菊	4417	0.102	450.53	562.54	—	112.01	—	—
高振江	5681	0.102	579.46	402.82	176.64	—	176.64	—
高振东	12226	0.102	1247.05	999.66	247.39	—	186.39	61.00
刘玉良	3356	0.102	342.31	316.32	25.99	—	25.99	—
李金付	9495	0.102	968.49	871.31	97.18	—	97.18	—
孙国路	3632	0.102	370.46	431.35	—	60.89	—	—
李金波	3687	0.102	376.07	565.24	—	189.17	—	—
孙殿均	4249	0.102	433.40	618.51	—	185.11	—	—
张万起	3372	0.102	343.94	414.48	—	70.54	—	—
李玉振	4416.2	0.102	450.45	676.82	—	226.37	—	—
魏金山	3690	0.102	376.38	450.18	—	73.80	—	—
张秀明	2705	0.102	275.91	231.87	44.04	—	44.04	—
张恩升	11256	0.102	1148.11	1024.24	123.87	—	123.87	—
耿孝文	1926	0.102	196.45	101.13	95.32	—	57.32	38.00
董金章	781	0.102	79.66	269.52	—	189.86	—	—
刘文彬	1109	0.102	113.12	177.80	—	64.68	—	—

续表

姓名	全年全家工分	分值	应得金额合计	已预支现金实物	找与亏		实领金额	结转下年金额
					找款	亏队		
王士珍	682	0.102	69.56	364.46	—	294.90	—	—
李金利	9098	0.102	928.00	877.89	50.11	—	50.11	
魏金才	7097.2	0.102	723.91	664.38	59.53	—	59.53	—
刘文珍	—	0.102	—	337.00	—	337.00	—	—
刘文会	10201	0.102	1040.50	785.84	254.66	—	176.66	78.00
李金铎	4814	0.102	491.02	574.10	—	83.08	—	—
孙殿科	12039	0.102	1227.98	909.08	318.90	—	265.90	53.00
孙殿山	4526	0.102	461.65	562.00	—	100.35	—	—
刘其昌	7608	0.102	776.02	531.70	244.32	—	157.32	87.00
魏凤祥	3763	0.102	383.83	329.25	54.58	—	54.58	—
高振贤	3652	0.102	372.50	584.69	—	212.19	—	—
高云霞	1109	0.102	113.12	93.80	19.32	—	19.32	—
李金枝	3195	0.102	325.89	586.74	—	260.85	—	—
赵景瑞	2651	0.102	270.40	209.76	60.64	—	44.64	16.00
赵崇义	3998	0.102	407.80	317.68	90.12	—	66.12	24.00
孙殿发	11700	0.102	1193.40	865.40	328.00	—	227.00	101.00
孙广青	4323	0.102	440.95	237.37	203.58	—	115.58	88.00
张万发	3606	0.102	367.81	443.61	—	75.80	—	—
孙殿玉	6129	0.102	625.16	400.32	224.84	—	140.84	84.00
陈淑贞	760	0.102	77.52	258.29	—	180.77	—	—
田万程	4353	0.102	444.01	257.96	186.05	—	107.05	79.00
张恩波	11279	0.102	1150.46	952.46	198.00	—	176.00	22.00
李金汗	7302	0.102	744.80	685.44	59.36	—	59.36	—
李玉章	4171	0.102	425.44	267.72	157.72	—	92.72	65.00
李金珠	2801	0.102	285.70	192.68	93.02	—	56.02	37.00
王金山	6378	0.102	650.56	664.79	—	14.23	—	—
刘润福	3285	0.102	335.07	242.60	92.47	—	39.21	53.26
王宝福	7581	0.102	773.26	739.38	33.88	—	33.88	—
孙殿奎	5683	0.102	579.67	374.84	204.83	—	123.83	81.00
孙月英	1476	0.102	150.55	112.96	37.59	—	37.59	—
孙广太	4955	0.102	505.41	525.91	—	20.50	—	—
刘其山	9066	0.102	924.73	555.75	368.98	—	368.98	—
李金龙	8860.2	0.102	903.74	844.10	59.64	—	59.64	—

续表

姓名	全年全家工分	分值	应得金额合计	已预支现金实物	找与亏		实领金额	结转下年金额
					找款	亏队		
张维华	7883	0.102	804.07	1049.66	—	245.59	—	—
张立生	1609	0.102	164.12	233.08	—	68.96	—	—
李金文	8385	0.102	855.27	598.56	256.71	—	170.71	86.00
刘文德	8415	0.102	858.33	733.98	124.35	—	111.35	13.00
李金树	3353	0.102	342.01	453.67	—	111.66	—	—
高振汗	6035	0.102	615.57	424.42	191.15	—	123.15	68.00
张文玉	7704	0.102	785.81	438.36	347.45	—	194.45	153.00
张恩起	4932	0.102	503.06	621.48	—	118.42	—	—
李玉新	3783	0.102	385.87	294.13	91.74	—	66.74	25.00
张文忠	6135	0.102	625.77	643.64	—	17.87	—	—
孙殿增	3535	0.102	360.57	419.12	—	58.55	—	—
赵崇仁	3383	0.102	345.07	568.09	—	223.02	—	—
刘玉田	5062	0.102	516.32	528.17	—	11.85	—	—
刘玉成	4380	0.102	446.76	368.00	78.76	—	53.76	25.00
孙国顺	3419	0.102	348.74	401.23	—	52.49	—	—
孙国良	3491	0.102	356.08	234.03	122.05	—	75.05	47.00
何宗仁	3796	0.102	387.19	462.18	—	74.99	—	—
孙殿金	3198	0.102	326.20	570.07	—	243.87	—	—
李玉志	3225	0.102	328.95	166.16	162.79	—	91.79	71.00
李金榜	7811.6	0.102	796.78	656.28	140.50	—	119.50	21.00
高云亭	2184	0.102	222.77	225.07	—	2.30	—	—
田万顺	2860	0.102	291.72	223.50	68.22	—	48.22	20.00
张文金	11586	0.102	1181.77	1198.27	—	16.50	—	—
孙殿文	9068	0.102	924.91	994.18	—	69.24	—	—
李金才	7143	0.102	728.59	923.15	—	194.56	—	—
李玉明	3380	0.102	344.76	327.93	16.83	—	16.83	—
孙殿洪	7840	0.102	799.68	568.87	230.81	—	157.81	73.00
李金兰	6888	0.102	702.58	670.37	32.21	—	32.21	—
魏金友	6473	0.102	660.25	607.89	52.36	—	52.36	—
张文德	4558	0.102	464.92	347.01	117.91	—	79.91	38.00
孙殿举	2661	0.102	271.42	140.39	131.03	—	75.03	56.00
孙广辛	3313	0.102	337.93	306.06	31.87	—	31.87	—
李金山	5128	0.102	523.06	493.76	29.30	—	29.30	—

续表

姓名	全年全家工分	分值	应得金额合计	已预支现金实物	找与亏		实领金额	结转下年金额
					找款	亏队		
田玉起	9985	0.102	1018.47	1136.52	—	118.05	—	—
李金池	8878	0.102	905.56	740.94	164.62	—	131.62	33.00
李玉亭	4130	0.102	421.26	661.23	—	239.97	—	—
李金泽	2890	0.102	294.78	189.29	105.49	—	105.49	—
李同玉	2245	0.102	228.99	119.29	109.70	—	64.70	45.00
张志明	9167	0.102	935.03	1056.58	—	121.55	—	—
李金达	7720	0.102	787.44	794.90	—	7.46	—	—
李金海	7716	0.102	787.03	771.65	15.38	—	15.38	—
刘其祥	7694	0.102	784.79	610.70	174.09	—	129.09	45.00
方连玉	—	0.102	—	—	—	—	—	—
刘桂英	359	0.102	36.62	318.17	—	281.55	—	—
张文才	4420	0.102	450.84	496.40	—	45.56	—	—
孙广明	3801	0.102	387.70	451.27	—	63.57	—	—
代凤明	3198	0.102	326.20	277.80	48.40	—	48.40	—
李玉洪	1973	0.102	201.25	502.35	—	301.10	—	—
赵玉兰	—	0.102	—	183.73	—	183.73	—	—
张勇全	2543.6	0.102	259.45	118.21	141.24	—	80.24	61.00
王振声	2646	0.102	269.89	122.25	147.64	—	83.64	64.00
马俊超	2062	0.102	210.32	112.73	97.59	—	58.59	39.00
刘纪华	2020	0.102	206.04	106.32	99.72	—	58.72	41.00
刘松南	1781	0.102	181.66	104.32	77.34	—	48.34	29.00
张大维	1292	0.102	131.78	105.70	26.08	—	26.08	—
何进化	1186	0.102	120.97	97.09	23.88	—	23.88	—
刘淑芹	1707	0.102	174.11	129.34	44.77	—	32.77	12.00
张淑芬	1331	0.102	135.76	143.62	—	7.86	—	—
吕秀兰	1316	0.102	134.23	115.06	19.17	—	—	19.17
张秀英	2700	0.102	275.40	323.81	—	48.41	—	—
赵素华	2700	0.102	275.40	291.63	—	16.23	—	—
葛树岩	1407	0.102	143.51	108.64	34.87	—	34.87	—
李春凤	—	0.102	—	336.89	—	336.89	—	—
王聘山	—	0.102	—	12.47	—	12.47	—	—
海玉珍	—	0.102	—	0.10	—	0.10	—	—
李银明	—	0.102	—	12.28	—	12.28	—	—
张冬生	255	0.102	26.01	—	26.01	—	26.01	—

续表

姓名	全年全家工分	分值	应得金额合计	已预支现金实物	找与亏		实领金额	结转下年金额
					找款	亏队		
华玉彬	4054	0.102	413.51	660.18	—	246.67	—	—
华玉良	4081	0.102	416.26	466.16	—	49.90	—	—
何焕荣	2487	0.102	253.67	216.48	37.19	—	37.19	—
张维金	751	0.102	76.60	27.46	49.14	—	49.14	—
张长来	1967	0.102	200.63	32.89	167.74	—	117.74	50.00
刘景瑞	341.7	0.102	34.85	31.64	3.21	—	3.21	—
赵永岑	1417	0.102	144.53	39.56	104.97	—	80.97	24.00
李玉田	568	0.102	57.94	20.07	37.87	—	37.87	—
苑玉祥	373	0.102	38.05	15.99	22.06	—	22.06	—
张欣华	266	0.102	27.13	29.04	—	1.91	—	—
张同新	301	0.102	30.70	14.16	16.54	—	16.54	—
李德连	1355	0.102	138.21	39.95	98.26	—	98.26	—
周玉山	222	0.102	22.64	34.02	—	11.38	—	—
王秀兰	805	0.102	82.11	24.27	57.84	—	40.84	17.00
黄玉珍	2051	0.102	209.20	40.05	169.15	—	85.00	84.15
仉春林	1235	0.102	125.97	28.94	97.03	—	60.03	37.00
祁宝臣	568	0.102	57.94	16.10	41.84	—	41.84	—
侯秀成	577	0.102	58.85	37.37	21.48	—	21.48	—
任再华	1031	0.102	105.16	43.99	61.17	—	42.17	19.00
叶宝忠	1344	0.102	137.09	30.51	106.58	—	53.58	53.00

说明：从表中可以了解到潘楼村当时的经济状况，也可以折射出当时社会的经济状况

二、耕地

新中国成立前，土地为私有，因潘楼村是佃户村，农民个人很少拥有土地，大多租种地主的土地。新中国成立后，土地逐步变为集体所有。所有耕地大部分为旱田，主要种植高粱、玉米和少量的小麦，后经连年的改土治碱，土地质量大大提高，小麦面积逐年提高。从1961年开始，小面积种植水稻，后经历年扩种，到1965年后，全村水稻面积已达到600余亩。蔬菜面积也逐年增加，1960年全村有园田136亩，被天津市定为半园田村。

新中国成立初期，村内约有耕地3500余亩，后历经国家划拨，公社调整插花地和国家占地等原因，土地锐减。2004年后，由于天津工业大学占地1227.7亩，每

人配分 0.1 亩园田。2011 年，因搞小城镇建设占用土地，镇政府通知村里占用此地，村里拆除泵点，将各户土地全部收回。

2015 年底，全村包括外环线绿化带在内仅存土地约 1219 亩，其中新村楼房占地 84 亩、鱼池占地约 630 亩、小城镇规划待建土地约 455 亩、零散土地约 50 亩。

1971 年潘楼村耕地面积表

表 17　　　　单位：亩

耕地总面积合计	稻田	旱田	园田	其中水浇地	在耕地总面积中		在耕地面积中其中：能机耕的	当年实际机耕
					集体	社员		
1456	700	606	150	606	1380	76	1300	900

说明：本表根据 1971 年潘楼生产大队上报付村公社报表复制

1975 年潘楼村耕地面积表

表 18　　　　单位：亩

在年末耕地面积中			在年末耕地面积中			在年末耕地面积中			
合计	集体	社员	水浇地	菜田	旱地	台、条田	旱涝保收稳产高产田	粮食 500 斤以上的面积	盐、碱地
1446	1416	30	1000	180	446	500	446	700	500

说明：本表根据 1975 年潘楼生产大队上报付村公社报表复制

三、肥料

（一）有机肥

人粪尿　以到市内厕所淘粪、村内厕所淘粪便为主，经堆闷、高温发酵后用作底肥和追肥。

圈肥　用牲畜、猪、羊等家禽、家畜的粪尿连同垫圈的干土、杂草、麦糠等混合而成的肥料，适用于基肥，发酵后亦适追肥。

堆肥　用杂草、树叶和作物秸秆掺入人、畜、禽之粪尿，经混合发酵而成的有机肥，作基肥。

城市炉灰　俗称岗子，始自 20 世纪 50 年代末，盛于 20 世纪六七十年代。冬、春农闲时，用小拉车、大车后用拖拉机到市内拉煤球灰，过筛后与大粪一起经发酵后使用。

污泥、污水　污水又叫臭水，60 年代，因城市污水增多，村内开始用污水浇地，以增加地力。污泥又叫臭泥，由生产队派人到市内海光寺卫津河等河道用捞篑子把河泥捞到船上，再用拨斗子把河泥从船上打到河边预先准备好的池子内，或晾干，或掺上岗子，等风干后用车拉到地里做基肥。另一种形式是，冬季河道水位下降后，生产队派社员将河冰翻起，用化肥袋子做的网兜把污泥抬到河上的空地晒干后使用。至分田到户后，各户都用车到侯台子附近的污水河铲河边的臭泥，拉回家使用。

炕坯　以前各户睡觉用的土炕经过烧火烟熏几年后，有的因出烟不顺将旧炕拆掉，把旧炕坯砸碎后用于描白菜（给白菜施肥），肥效很大，有“家土换野土，一亩顶二亩”的说法。每个炕约有不到 100 块土坯。

（二）无机肥（化肥）

氮肥　有硫酸铵、硝酸铵、尿素、氯化铵等，主要用于农作物的追肥。

磷肥　主要有普钙和重过磷酸钙，主要用于农作物的底肥。

其他化肥还有复合肥等。

第二节　水　利

一、村内外水利工程

潘楼村所在地区的土地大部分是盐碱洼地，政府根据实际情况进行了大量的改造盐碱地工程，开挖丰产河、自来水河、一道排水河、二道排水河、西排碱排水河、东西排总河、陈台子排污河、七一河、四支渠、南北引河、大沽排污河、北塘排污河，修建了鸭淀水库、北大港水库、新河，整个付村公社土地方田化建设，潘楼村派出九万多个标准工，对农业的生产、土地的改造起到了很大的作用。

表 19　1951—1982 年潘楼村历年参与治理各种河道出工表

年份	出工数	河工内容
1951	2400	丰产河开挖
1952	1100	刘快庄

续表 19

年份	出工数	河工内容
1953	480	小淀　污水河
1954	440	南大港
1958	4500	市内污水改造
1959	480	开挖自来水河
1962	400	子牙河清淤
1963	1900	独流减河
1964	6000	独流减河打后堤加固
1965	700	马棚口　青县　搬村
1966	1200	开挖西大洼高村排干
1968	700	津港运河
1968	650	大港水库三期工程
1970	2600	程村排河清淤
1971	2200	开挖吴庄子南七一河
1972	6800	开挖陈台子排污河共四期
1972—1973	1980	香河河口工程
1975	780	北洼土地改造
1975	700	贯庄子河工工程
1977	1500	丰产河清淤
1976—1977	8500	鸭淀水库共两期
1977—1988	28000	西大洼改造和南边村改土治碱
1979	15000	西排碱、一排干、二排干、南北排干
1982—1983	3600	引滦济津

说明：津港运河的 700 工中包括 1977 年第二次 400 工

二、防汛抗旱

1956 年，在西郊区的统一规划下，在郭村成立西大洼防汛抗旱工程指挥部，对潘楼村所在地区北自工农联盟、南到丰产河、西自高村排污河、东到陈台子排污河进行改造，1957 年基本完成洼改工程，此工程修建干渠一条、支渠二条、斗渠四条，潘楼村的 1400 亩工程完工后，实现了方田化。

1977 年，付村公社开展第二次农田水利基本建设，对西大洼 1.42 万亩土地实施高标准方田化，村北原先小地块不平的地统一改成一样大的地块，支渠、斗渠、水渠完全按规定挖一样的，完成水渠 80 条、斗渠 6 千米、支干渠 5 千米，改造后的方田每年两季真正做到了旱涝保收。目前此地被天津工业大学占用。

三、水利设施

1. 为解决潘楼村所在地区因自来水河开挖后造成的自来水河以南、丰产河以北、污水河以西、西大洼排水河以东封闭地区的排水出路，区里于1960年在姚村以北、自来水河南侧新建郭村泵站一座。其排灌面积为12060亩，从而解决了村内北洼2000多亩土地的排灌问题。2006年村北建大学城，排水局部重新调整，郭村泵站已失去排灌功能。

2. 为解决村内土地排灌需要，设置固定的泵站7座，其中北洼稻地一座，安装2台12寸直流泵；新河一座，安装300毫米直流泵一台，30千瓦；一趟河一座，安装12寸直流泵一台，13千瓦；村西老坟一座，安装8寸水泵一台；口子门一座，安装4寸水泵一台；丰产河一座，共安装6寸和4寸水泵2台；西园子一座，安装8寸泵一台。除固定泵站外，根据需要再安装临时泵站。

四、排灌工具

（一）人工提水

新中国成立前，村内浇地全靠人力，有的用水斗单人压杆提水浇地，也有靠水边的二人用泼斗打水。压杆提水的主要是水井中提水和水平面离地面比较高的地块，泼斗打水是靠水边或水平面离地平面比较近的地方，一般三米左右。

1952年，水车进入村内，有的户买来人工水车来浇地，人工摇水车，水车上的木板把水从河里提上来，用水车提水比水斗和泼斗浇水的效率高了很多。

（二）畜力提水

1955年，进入初级社，对水车进行改造，加装齿轮用牲口拉着转来提水，节省了劳力，也提高了效率。

（三）机械化灌溉

1956年，村内开始使用柴油机带动木板水车转动提水，后来就有了水泵，1958年以后村里浇地初步实现了机械化。1959年，农田开始用电，电带动水泵浇地，村内的土地全面实现了旱可浇、涝可排的稳产高产田。

第三节　农机具

一、传统农具

村内传统农具有耠子、木梨、耧、耙、锄、镐、铁锨、锄锨、桃锨、木锨、瓜铲、除刀子、木耙子、铁耙子、挠钩、麦杈、泥杈、三齿、四齿、镰刀、钐镰、韭菜镰、收子、划拉子、耖子、铡刀、砘子、滚子、碌碡、簸箕、筛子、扫帚、背筐子、粪杈、粪笆、水斗子、水车、独轮车、木轴大车、铁皮大车、胶轮大车、小拉车等。

耠子（2015 年摄）

砘子（2015 年摄）

碌碡（2015 年摄）

木杈子（2015 年摄）

木锨（2015 年摄）

二、农业机械

耕作机械　1974 年，第四生产队购买了一辆 20 型拖拉机，用于运输和耕地，后各队陆续购买了拖拉机。1979 年，大队又购买一台 55 型拖拉机。1994 年，村委会又购买 60 型链轨推土机一台。至此，全村曾拥有手扶拖拉机一辆，20 型拖拉机 8 台、55 型拖拉机 3 台、60 型推土机 1 台，并配有相应的犁、耙、播种机、喷药机等农具。

收获工具　1994 年，村委会购买 55 型拖拉机拖挂式小麦收割机 1 台。1995 年，又购买自走式小麦联合收割机 1 台。

运输工具　用于耕作的 8 台 20 型拖拉机和 3 台 55 型拖拉机，平时均用于肥料、农作物、农副业运输。联产承包责任制后，村民又购买农用三轮车多台，主要为生产运输和家庭自用。

排灌机械　1958 年，村内首次通电，主要用于农业排灌，之后随着生产条件的提高，村内陆续修建固定泵点 7 个，根据需要还随时安装临时泵点，解决全村农田的排灌需要。排灌所用机械主要是水泵。

加工机械　1959 年，村建磨坊一座，后设备不断增加，安装电动石磨一台、小钢磨一台、机米机两台、面粉机一台、轧面机一台，为村民加工粮食。

1975 年主要农机数量

表 20

农业机械动力量总功率（千瓦）	耕作机械功率（千瓦）	机引农具合计（部）	其中	
			机引犁	机引耙
29.42	29.42	2	1	1

第四节 农作物

一、主要粮食作物

（一）小麦

小麦（2003 年摄）

新中国成立前，村内土地低洼盐碱，又无水利设施，靠天吃饭，只有极少数的埝地（好地）能种植小麦，但品种单一，亩产 75 千克左右，天灾年景亩产只有 30 千克左右。

新中国成立后，经过改土治碱、平整土地、兴修水利，所有旱田都能种植小麦，小麦种植面积逐年增加，从 1993 年后，全村小麦种植面积已达 600 亩以上，亩产可达 400 千克以上。

从小麦的颜色上分，有白麦子和红麦子之分。种植品种先后有：1950 年，均以农家品种“小红芒”“葫芦头”为主；1968—1971 年，从北京农科院引进“科 28”，中水肥品种；1972—1974 年，种植“大黑芒”“北京 1 号”“东方红 1 号”，穗大、粒大，出粉率高，属高水肥品种；1975—1977 年，引进“泰山 3 号”，只小面积试种；1977—1981 年，引进“泰山 1 号”，属白麦子品种，亩产可达 300 ~ 350 千克，最高可达 400 ~ 450 千克；1996 年，引进“京东 8 号”，产量高，品质好。2004 年结束种植。

（二）玉米

玉米（2003 年摄）

村内种植玉米历史悠久。新中国成立前，只能种植“灯笼红”“鸡跷脚”等农家品种。1954 年，从东北引进“白马牙”、“燕山 6 号”晚玉米，亩产在 150 千克左右；1970 年，引进“反帝 105 号”和“京黄”“113 号”早玉米；20世纪80年代，引进“鲁原4号”；1992年，引进“京3号”；1996年，引进“新唐玉五”等高水肥密植品种，亩产可达400余千克。2004年结束种植。

高粱（2003年摄）

（三）高粱

由于土地盐碱贫瘠，高粱是村内种植的传统农作物。新中国成立前是农民主要的粮食来源。高粱分白高粱、红高粱和黏高粱，品种主要为黑帽白、歪脖红、黄罗伞。亩产在50～70千克左右，虽产量低，但品质好。这些品种，植株高大，秸秆可作架秆，人们也用它代替芦苇盖房使用。1970年，村科技组培育了“津杂9号”“元杂10号”等品种，亩产在400～500千克左右。2004年结束种植。

（四）水稻

水稻（1987年摄）

从1961年开始小面积种植水稻，后经历年扩种。1965年后，在外环线西侧等地种植水稻，面积达600余亩，后因和姚村调地和开挖鱼池，水稻面积有所减少，在自来水河以南、新河以北种植约500亩。先后种植品种主要有：“反帝1号”“187”“佛手京福”“1187”“1179”“津星1号”“京福308”“9–3”“90–10”等，亩产可达500千克。1998年结束种植。

除种植以上粮食作物外，还少量种植过春小麦、春大麦、谷子、豇豆、绿豆、红小豆、黄豆、青豆、黑豆、山芋等粮食作物，以及芝麻、花生、向日葵、棉花、蓖麻等经济作物。

谷子（2015年摄）

黄豆（2015年摄）

表 21

1970 年 12 月社员分配口粮价格明细表

单位：元 / 公斤

小麦	稻谷	小米	玉米	黏粮	山芋	大麦
0.28	0.284	0.284	0.208	0.196	0.046	0.208

表 22

1972 年全村农作物播种面积和产量

单位：亩、公斤

	农作物总播种面积	播种面积	总产量	亩产
集体	粮食、大豆总计（加上自营地）	1744	345401	198
	一、国营与集体粮食、大豆合计	1614	330098	—
	（一）夏收粮食合计	191	20682	—
	1. 秋小麦	170	18037	105
	2. 春小麦	9	900	100
	3. 大麦	12	1745	145
	（二）秋水粮食合计	1343	305688	—
	1. 稻谷	700	210560	300
	2. 山芋	15	3382	225
	3. 玉米	457	71472	206
	4. 高粱	70	7856	112
	5. 谷子	70	10548.5	150
	6. 杂粮	31	1867.5	60
	（三）大豆（黄、青、黑）	80	3728	46.5
	二、工业原料作物合计	—	—	—
	1. 棉花	20	300	15
	2. 油料作物小计	—	—	—
	（1）花生	10	615	61.5
	三、蔬菜（菜用瓜在内）	124	600000	450
社员自营地	1. 粮食、大豆合计	50	12500	250
	2. 蔬菜合计	26	100000	3850

表 23

1977 年全村三需用粮表

人用粮：公斤 / 日

6 月底人口	全年三需用粮	其中				储备粮
		食粮	籽种	饲料	猪料	
368	181353	132480	15131	28560	5182	32123.5

说明：三需指口粮、种子、饲料

附：

良种繁育

1974年，大队成立科技组，王金生、张国泰先后任科技组组长。科技组有试验田20余亩，培育的主要品种有：高粱杂交“原杂10”“津杂9”等，玉米“黄白杂交”“反帝105”“反帝103”“京黄113”等，小麦品种提纯、水稻品种提纯等。

二、蔬果栽培

（一）蔬菜

新中国成立前，村内农民零星种植一点大路菜自食。1960年后，菜田面积不断扩大。1960年，全村有园田136亩，被天津市定为半园田村，由公社蔬菜组向村下达种植计划，村按计划把蔬菜送到市内各菜店。品种主要有韭菜、春水萝卜、白萝卜、豆角、西葫、西红柿、黄瓜、大葱、圆白菜、大白菜、土豆、菠菜、大蒜、茴香、莴笋、茄子等20余个。

除蔬菜外，还种植过西瓜、菜瓜、香瓜等经济作物，派社员赶驴车到市内去卖。

1983年实行联产承包责任制后，农民自由种植蔬菜，开始使用地膜、塑料大棚等先进技术。2011年，因开发小城镇建设，镇政府通知村委会收回村民全部土地。

表24

1970年社员全年吃菜作价表

单位：元/公斤

大白菜	土豆	大葱	芥菜	大蒜
0.03	0.08	0.04	0.02	0.16

表25

1972年潘楼大队出售部分蔬菜价格表

月	日	品种	数量（公斤）	单价（元/公斤）	总价（元）	收菜单位
4	4	小葱	2227.5	0.14	311.85	鱼市片
4	8	菠菜	1395	0.116	161.82	炮合
5	1	韭菜	295	0.34	100.30	天大
5	1	菠菜	2260	0.08	180.8	宝巨成
5	15	生笋	1581.5	0.12	189.78	万食片
6	6	水萝卜	2587	0.068	175.92	宝巨成

续表 25

月	日	品种	数量（公斤）	单价（元/公斤）	总价（元）	收菜单位
6	8	大葱	1984	0.084	166.66	鱼市二分
7	14	辣子	778	0.126	98.03	万食片
7	21	小白菜	1477.5	0.044	65.01	宝巨成
7	23	圆白菜	472.5	0.062	29.30	天大
7	26	柿子	578.5	0.134	77.52	万食片
8	13	韭菜	2147.5	0.092	197.57	万食
8	24	茄子	1852.5	0.088	163.02	鱼市片
8	31	茄子	1632.5	0.088	143.66	宝巨成
9	21	豆角	956	0.288	275.33	宝巨成
9	25	玉瓜	377	0.22	82.94	万食
9	25	圆白菜	2180	0.098	213.64	天大菜组
9	27	万子	999.5	0.284	283.86	万食片
9	27	大扁	66.5	0.20	13.30	万食片
9	27	茄子	105	0.08	8.40	万食片

（二）林果

新中国成立前，村内林果很少，只有张文金家在枣园种植枣树 5 亩多地、张恩德在房后种植枣树 20 多棵。新中国成立初期，刘治帮在果园种植桃树 8 亩。

1970 年春，村集体在西园子种植桃树 100 余亩、2500 多棵。有久保、岗白和白凤等三个品种。3 年后到了收获期，因不好管理，在桃还没成熟时就摘掉分给社员。1973 年成立小队后，桃树都分给社员管理，有的社员因不会管理，将桃树刨掉。1974 年，村里又将桃树收回归科技组管理。因收入不高，决定改种其他农作物，1976 年将桃树全部刨掉。

1970 年，村里在场面四盘地种植葡萄 20 亩，品种有玫瑰、马牙，两年后刚见果，因分成小队，管理不好，都被刨掉。

1983 年实行联产承包责任制后，分田到户，村民张恩起、刘玉发、李玉德、高云茂等人利用所分土地，种植桃树 6 亩、150 多棵。村民高振贤种植大棚葡萄 2 亩，李金付种植陆地葡萄 1 亩。这些村民种植的桃树、葡萄因品种好，管理细致，果品销量很好，都获得一定的收益。1988 年因重新调整土地，不再种植。

第五节 养殖业

一、大牲畜

新中国成立前，村内大牲畜由各户自己饲养，富户 1 ~ 2 头，一般农户 1 头，只有 10 来户没有饲养牲畜。新中国成立前后，全村有大牲畜 20 ~ 30 头。1955 年初级社后，大牲畜由集体饲养，有骡 1 匹、马 1 匹、驴 5 头、牛 4 头。1956 年成立高级社时，又买红马两匹，后自繁骡子 5 匹。人民公社化后，大牲畜数量不断增加。1963 年，全村大牲畜已达 66 匹（头）。成立生产队后，大牲畜都有户口，公社粮站按牲畜品种卖给饲料，残疾牲口宰杀要经兽医站鉴定批准。联产承包责任制后，大牲畜分到各户。随着农业机械化程度的提高，牲畜被淘汰。

1971 年潘楼村大牲畜统计表

表 26　　单位：匹（头）

大牲畜合计	从事农役劳动	能繁殖母畜	牛	马	驴	骡
48	40	5	11	17	13	7

说明：本表根据潘楼生产大队 1971 年上报付村公社报表复制

1975 年潘楼村大牲畜统计表

表 27　　单位：匹（头）

合计					能繁殖母畜			
合计	牛	马	骡	驴	合计	牛	马	驴
67	9	30	10	18	18	3	7	8

说明：本表根据潘楼生产大队 1975 年上报付村公社报表复制

二、猪

养猪为村内传统家庭副业。新中国成立前乃至 20 世纪 60 年代，大部分村民每户少则 1 头，多则 2 头，春天买仔，到春节长到 50 余公斤，请人宰杀，猪肉出售，自留猪下水以备过年。1958 年“大跃进”时，村成立集体养猪场，存栏 400 头左右。1960 年节粮度荒，除因没食饿死、病死的外，剩下的都处理了。1977 年，结合“农业学大寨”，公社号召努力达到 1 人 1 猪、1 亩地 1 头猪。1981 年，公社规定，每上交 1 头猪，每公斤奖励 0.14 元，并奖售饲料，农民的养猪积极性得到很大提高，数量连年增加，全村养猪数曾达到 400 ~ 500 头。1982 年，公社实行生猪派养，完成任务的每头奖励化肥 15 公斤，完不成任务的每头罚粮 200 公斤，无粮交钱，工副业不参加收入，干部奖励少。1991 年后，村内出现养猪较多的大户。2005 年因国家占地和新村建设，停止饲养。

猪的品种以本地黑白花猪为主，还引进江猪、长白、内江、北京白等品种。

猪饲料以野菜、谷糠、泔水、酱渣为主，以后生产队派车到市内酒精厂拉酒精糟以每公斤 0.006 元价格卖给各户喂猪。生猪统一交收购站，每头猪重量达到 65 公斤以上才收，按等级评价，特级 1.24 元 / 公斤、一级 1.18 元 / 公斤、二级 1.08 元 / 公斤、三级 1.04 元 / 公斤、四级 0.98 元 / 公斤、等外猪 0.6 元 / 公斤。每头猪好的卖百八十元，少的五六十元，国家还卖给养猪户一定数量的饲料粮。

三、羊

有山羊、绵羊之分。1958 年，村集体建养羊场，以绵羊为主，饲养量 500 余只。1960 年节粮度荒，饿死病死不少，剩下的分给各户饲养。平时养羊以农户分散零星饲养为主，数量不多。

四、家禽

鸡、鸭、鹅等家禽都以农户分散饲养为主，用于调剂生活、补贴家用。1970 年，大队建养鸡场，还为红旗鸭场代养。1982 年后，村内也曾出现过养鸡大户，最多达 4000 只。1985 年后停止饲养。

五、水产养殖

新中国成立前乃至之后的很长一段时间，村内无水产养殖，只有坑塘河沟中的野生鱼。从 1984 年开始在自来水河北开挖鱼池，以及在后北洼稻地和自来水河套相继开挖鱼池，全村鱼池面积达 630 余亩。养殖鱼以鲫鱼、鲤鱼、鲢鱼、草鱼为主。野生鱼有黑鱼、鲶鱼、泥鳅、嘎鱼、鳝鱼、麦穗鱼、小布鱼等，此外还有河虾、河蟹、河蚌、甲鱼等水生品种。2005 年后停止养殖。

第六章　乡村工商业

新中国成立前，工副业在潘楼村是一个空白，只有三户村民经营小铺，出售日用小商品。新中国成立初，为增加农民收入，政府组织村民开展手工副业，部分村民靠力气外出拉冰或挑方坑等挣钱补贴家用。1970 年，村集体开始开办养鸡、养鸭的农副业。1971 年后，村里陆续办起一些工业项目小工厂，开始有了小企业。1981 年后，部分村民办起商店。

乡村工商业是农民增收致富的重要途径，潘楼村工商业从无到有，从简单手工业作坊到有一定规模的企业，又从单一工业企业发展到现在有一定规模的工业、商业、租赁业、餐饮服务业并举新格局。

第一节　农副业

新中国成立前，村民以务农为主，基本无副业。1950 年后，政府为帮助群众解决生活困难，组织群众纺线、打苇帘、搓麻绳、纳鞋底、拧腰子，以增加群众收入。1960 年后，部分村民拉苇子、拉冰、挑方坑、推轱辘马等挣点收入。1969 年，村里成立大车运输队，组织 7 辆马车，为天津东货场运货物。

1970 年，为增加农民收入，大队在北洼高台建养鸡场，给红旗养鸭场代养（红旗养鸭场也养鸡），养鸡场有 12 名职工。到 1973 年，因村管理体制从“一元化”统一领导分为四个小队，又因养鸡风险较大，养鸡场关闭。

1972 年，大队又在自来水河套建养鸭场，给红旗养鸭场代养，1973 年分队后养鸭场关闭，后由第一生产小队和第二生产小队搬到北场坑边重新饲养，至 1975 年左右关闭。

第二节　村办企业

一、简述

新中国成立前，村内无企业。1958 年人民公社成立后，潘楼村曾聘请山东章丘县铁匠白尔有开办了烘炉，村民高振贤、刘玉田当助手，专门给村里打制耠、锄、犁、耙等农具。1970 年后，村办企业有所发展。中共十一届三中全会后，随着农村经济体制改革和产业结构的调整，村办企业开始大发展，后由于种种原因，原有企业陆续停业。

二、主要集体企业

（一）带钢厂

1971 年，大队在北洼高台建带钢厂，有 3 台手摇捣子，十几名工人。带钢厂的主要业务是给天津市红旗垫圈厂加工钢板，即把红旗垫圈厂提供的整卷带钢拉开后用冲床锻成一米长左右的钢板，然后再拉回红旗垫圈厂，由红旗垫圈厂将钢板加工成多种型号的垫圈。1978 年，因天津市红旗垫圈厂进行改制，与潘楼村停止加工业务，村里将加工设备和剩余带钢都卖给静海县大邱庄村，带钢厂解散。

（二）木箱厂

1971 年，大队在北洼高台建木箱厂，有十几名工人。一年后搬到村内继续加工。主要业务是给天津市试剂一厂加工包装箱，有一定的利润，1979 年停业。

（三）皂胶粉碎厂

1971 年，大队在北洼高台建粉碎厂，由赵崇义负责，有 2 台粉碎机，十几名工人。主要业务是为天津市化妆品公司加工皂胶作为制造洗头膏的原料，另外为天津市酒精公司加工橡仁，代替山芋干做造酒原料。1979 年，由于加工企业改制，加工业务终止。

（四）有色金属铸造厂

1978年，大队在枣园南原村大礼堂西侧建有色金属铸件厂，主要做铜活。1984年，村里增加黑色金属铸造业务，与有色金属铸造业务合并建立潘楼村五金铸造厂，厂址迁到坑西老牲口棚。五金铸造厂在1988年前有工人48名，后来稳定在27人左右。主要业务是给人民砖瓦厂、长征砖厂、天津市建材机修厂、天津锅炉厂、天津拖拉机制造厂、天津重型机械厂等企业铸造机械部件。2001年后，由于大学城占地，人民砖瓦厂、长征砖厂、天津建材机械厂停产，其他企业也因企业改制停产改产从而失去业务来源，潘楼村五金铸造厂停业。

（五）津西美颜文教用品厂

1989年，潘楼村成立津西美颜文教用品厂，有工人30多名。主要生产广告颜料，销往黄河以北地区。1995年，企业改制更名为津西美颜文教用品福利厂，在原来只生产广告颜料的基础上，又增加生产汽车用停车牌，销给津西车管所。2002年，由于企业改制，企业对村民公开招标拍卖。

（六）建新无机化工厂

1989年，潘楼村在天津建材机械厂利用老厂房开办建新无机化工厂，有20多名工人。产品为酸性媒介灰，用于染毛线，为自营产品。1992年，工厂改名为旭日化工厂，产品主要有颜料、油漆和广告色的配料，主要销往吉林辽源漆布厂、山东济南文教用品厂，年产3吨。1993年年底，企业进行改制，由个人承包。时间不长，由于产品销售后货款回收困难，因此关闭。

第三节　民营、个体企业

新中国成立前，村内无民营企业。改革开放后，国家以经济建设为中心，大力发展民营、个体经济。但村民营企业发展始终缓慢，没有大的发展。1984年后，魏凤连等5户村民在村西成立铸件厂，主要产品是铸铜瓦、铜套，每月加工量在900千克左右，主要销往西琉城轧钢厂等一些企业，有活就干，没活就歇，一年下来每家可分2000余元。中间有部分人退股，生产又断断续续，到2000年企业结束。

1985 年王金生成立铸件厂，1987 年赵崇义成立铸件厂，1990 年李玉足成立铸件厂，情况都大同小异，有的无销路，有的利润少，有的货款回收困难，至 1994 年都相继停业。2002 年，张万来接手文教用品厂，业务量很小，后来只靠厂房出租，到 2015 年因房屋拆迁停业。2002 年，何俊起开办天津市顺捷文教用品厂，主要生产绘画材料，产品销往美国、英国，2012 年因房屋拆迁停业。

第四节　第三产业

一、集市贸易

历史上村民购物需到静海、张家窝等集市。1993 年 3 月 30 日，镇政府在永红工业区成立南河集贸市场，逢农历三、八为集日，后因永红村改造环境，集市迁至牛坨子村至今。嗣后，姚村成立集市，逢农历一、六为集日，每到集日，摊位可延伸到潘楼村。赶集已经成为村民采购、销售农副产品和生活用品的一个有效载体。

二、盛华物业管理有限公司

2006 年 9 月，潘楼村成立盛华物业管理有限公司。主要负责天津工业大学西侧原潘楼村地盘上的绿化、道路和教室的卫生保洁。2010 年，盛华物业管理有限公司又接管了天津市大学软件学院的物业管理工作。公司成立初期，安排村民就业 180 余人，后增至 200 多人。盛华物业公司的成立，安排了大量村民就业，为村民增收致富提供了途径。

集市给村民带来许多方便（2015 年摄）

三、其他服务业

新中国成立前，村内只有李玉云的奶奶、高振汉和一个叫苏老婶的外来户三家开小部，经营散酒、洋火、烟叶和针头线脑等日用小商品。新中国成立初期，潘楼村所在地区有从事剃头、磨剪子、戗菜刀、打铁、锯盆锯碗、补锅、攒梢的行商，饮食业是一个空白。1958 年，宝坻县人刘润福到潘楼村开办理发店，后在村落户。1965 年，大队组织木匠孙殿山和李金铎成立木匠组，为集体打制闸门、闸板和各种木制农具。1969 年实行“一元化”后，大队组织孙广顺和刘玉田钉马掌，电工华玉宾修理电机，为集体减少外购开支。1975 年，在郭村供销社的支持下，大队成立代销点，为郭村供销社代销商品，由张万明任售货员。

1981 年，张万来利用自家西屋成立小卖部。1983 年实行联产承包责任制后，村民有了自由支配的时间，部分剩余劳动力也转入商服行业。自 1981 年起，村内先后成立个体商店 16 家，现仅有 1 家在楼房小区内经营，经营品种也大大增加，由过去只经营日用小商品到后来的粮、油、蛋、奶、肉、酱制品、玩具、手机充值，以及代买电、气等业务。另外，村内还有餐饮业和理发店、药店、幼儿园等。

2004 年，天津工业大学在村北占地，吸引很多外来商户到此经商。每天晚上在村北道边形成夜市，在道边摆地摊，向东延伸到工一号路，商户达 100 多家，经营商品主要有鞋袜、衣服、廉价小首饰、各种小吃、劳保用品、各种小件建筑工具和旧书等。销售对象主要是建筑工人、学生和部分村民。2006 年，天津工业大学建成开学后，在潘馨园小区西侧又自发形成餐饮一条街，村民盖起活动板房出租给外地商户，商户达 40 多家，经营饭馆、小吃店，销售对象主要是学生和部分村民。

2006 年 9 月，村民住宅楼竣工，分给村民居住，腾出平房 400 余套，各户都将平房出租给外来人员居住，全村村民年可得租金近 300 万元。2006 年 9 月，村民搬到潘馨园小区居住后，又将剩余楼房进行出租，年租金收入达 400 余万元。

表 28

1970 年供销社部分商品价格表

名称	单位	单价（元）	名称	单位	单价（元）
飞鸽自行车	1 辆	178	东风牌手表	1 块	120
红旗自行车	1 辆	144	牡丹牌缝纫机	1 台	160
上海牌手表	1 块	120	蚌埠白酒	1 瓶	1.30
海鸥牌手表	1 块	120	直沽白酒	1 瓶	1.90

续表 28

名称	单位	单价（元）	名称	单位	单价（元）
40 瓦罗口灯泡	1 个	0.38	铁锨	1 把	2.28
灯口	1 个	0.48	28 内胎	1 条	2.33
散装酱油	0.5 公斤	0.15	手电筒	1 把	1.81
散装醋	0.5 公斤	0.13	肥皂	1 条	0.42
大盐	0.5 公斤	0.13	碱面	0.5 公斤	0.14
二盐	0.5 公斤	0.14	剪子	1 把	0.53
鸡蛋	0.5 公斤	0.90	鲜姜	0.5 公斤	0.37
去皮猪肉	0.5 公斤	0.95	炕笤帚	1 把	0.15
带皮猪肉	0.5 公斤	0.85	地笤帚	1 把	0.26
面粉	0.5 公斤	0.185	扫帚	1 把	1.30
全麦粉	0.5 公斤	0.165	叉子	1 把	1.00
玉米面	0.5 公斤	0.10	火柴	1 包	0.20
机米	0.5 公斤	0.152	面酱	0.5 公斤	0.21
七印铁锅	1 口	2.54	花椒	0.5 公斤	0.32
3.2 尺大锅	1 口	16.37	花生油	0.5 公斤	0.85
散装白酒	0.5 公斤	0.80 ~ 1.30	白糖	0.5 公斤	0.88
大油	0.5 公斤	1.10	战斗香烟	1 盒	0.19
咸带鱼	0.5 公斤	0.40	烟斗香烟	1 盒	0.19
永红香烟	1 盒	0.22	绿叶香烟	1 盒	0.13
大港香烟	1 盒	0.22	恒大香烟	1 盒	0.30
海河香烟	1 盒	0.27	墨菊香烟	1 盒	0.28

说明：本表中各种商品价格大部分根据 1970 年潘楼生产大队出河工时工地食堂所购商品原始票据统计，小部分为村民回忆。从表中可了解当时物价情况

第七章　乡村建设

农民住房从开始搬迁到一个新地方只有一个大卧铺暂时居住，有条件了建一个四梁八柱简易房，后来建土坯房、砖房、楼房，反映村民生活从低到高，从贫穷到富裕，再到小康生活的发展全过程。

第一节　房屋建设

一、民用住宅

潘楼村地处天津西部，地势较低，海拔高度约 4 米。1949 年以前村中民房除官房院有 5 间砖房外，其余都是土房，土地、土坯墙、木檩、苇把子房顶泥泥、木板门、百眼窗。为防水患，房屋全部建在高台上，称作“庄台儿”。庄台儿中间高，由北向南逐渐降低，最高处有 2.5 米。庄台儿街道也不整齐，胡同里全是土路，庄台儿周围有一条环村的土路，村前面的土路东西延伸与东西两村相连。村西有一个坑叫“大西坑”，约 4 亩地大小，大西坑与庄台儿中间有一条向北的土道，向北延伸可到侯台村，通天津市区。

1950 年后，庄台儿上旧房翻新，原地重建，仍是土房。庄台儿上盖满了就向庄台儿周围闲散土地延伸，格局很不规范。1961 年，村民刘其祥在庄台儿东面建了第一所砖房，其他人家仍在建土房。

1969 年，四个生产队合并成一个大队，成为“一元化”建置。村里革委会决定，再建新房由村中统一安排宅基地，村里给建新房户免费提供一扇门，后来盖房户增多，就给每户一套做门的木料，自己请木匠制作。

1973 年后，村民开始烧砖、买砖盖砖房，房上挂瓦，村里对房基地统一规划，要求房屋统一尺寸、统一高度。三间房统一标准是 12 米 ×12 米，胡同一样宽，有了新农村的景象。胡同都是砖墁地。1990 年，修了村里的公路、庄台儿周围的小公路，枣园南边新建住房后也修了一条东西直通郭村和姚村的公路。

二、公共建筑

（一）磨坊

新中国成立前，全村粮食加工主要是用人工磨、碾子和石碓完成，村里有 2 个碾子、2 个石碓、7 个磨。虽然这些都是自家所有，但都是大伙共同使用，能满足村民加工米面需要。

1960 年，建集体磨坊，开始设在庄台儿上面，没几年就搬到枣园地边上。当时只有米面加工，有一个石磨、一个钢磨、一个谷物碾米机。1975 年，又增加了稻米碾米机和小麦面粉机。1983 年后承包给个人管理。

1960 年，电磨坊有专人管理，管理磨坊的人先后有李金海、刘贵荣、李桂芝、张文忠、高振山、李金付。

（二）村委会等办公用房

新中国成立后，村委会办公地设在官房院内东西两边单间，中间有两架坨的大房是小学教室。新中国成立前此处是村地主财产。1974 年，在枣园南边盖了 12 间大队办公用房，东边是大礼堂，供社员们开会用，后来变为食堂，村民家里有红白事在这里摆酒席。

1996 年，在村大队办公房西边单独盖了村委会办公楼，总建筑面积 914 平方米，分 3 层。1 楼中间为传达室，东边是老年人活动中心，西边是红医站和图书室；2 楼、3 楼是各部门办公室，3 楼有会议室。

2005 年，在潘馨园小区西边又盖了综合服务办公楼，2006 年 7 月竣工投入使用。此办公楼投资 750 万元，占地 8 亩，党支部、村委会搬到此楼办公。

1970 年，在枣园的东边建了两个教室的小学校，将官房院小学迁到此，后又与郭村合资在赵坟地西边修建了一所高规格小学，前后二层院。2013 年修公路时拆除。

1972 年，在坑西边建 4 个队的牲口棚，南北四排，每排正房 6 间，每个小队一个院。1984 年，村里建金属五金铸造厂，将原生产队的前两排牲口棚改成了铸件厂的车间仓库。1989 年，将给知青建的两排房改成了文教用品厂。

第二节　住房变迁

村民一生中有几件大事是记忆犹新的。盖房、娶妻、生子、子女嫁娶、有丧事，不管穷富都必须面对。这几件大事中，以盖房最为不易。现在村民们都住在有“双气”（燃气、暖气）的楼房中，但是也不能忘记了当年住过的土坯房、砖房。

一、土房

盖新房对于家中条件困难的农户是一件天大的事，每家盖新房都要准备几年的时间。首先得有足够的粮食，如果家中的粮食不足，先向亲朋好友们借到粮食。还得有钱，有些盖房的材料是可以先预备的，如房檩、所有木材，或提前请木匠做好门窗，提前预备捻草，盖三间房需要大批捻。还要整垛的麦华秸或稻草，这两样都可以提前到地里割，割的草要软乎的。该预备的材料都有了，就可以启动盖房的程序了。首先得脱坯。潘楼村有一个好传统，村中每家有事都是助工干活，不付工钱，但是得提前订。脱坯大概得用 20 人左右，一天可以脱够三间房的坯，找平整的地方脱坯，一般都在打谷场上。如 12 人为一把人，2 人按膜，4 人挑铡子，4 人下土坑和泥，也叫做泥，另有 2 人打杂，用铡刀铡捻、放水、其他杂活等，有时打杂的人也需 4 人。两天共脱坯 3900 个左右。

砸房地基　虽然所盖房为坐地垒坯的土坯房，但是砸地基工作是不可少的。原因是土地比较松软，必须砸结实了再盖房，房子才能延年。按照所盖房屋尺寸大出半尺开出槽来。大约两尺左右深，把里面剩余的土翻松找平。砸夯的工具是用石墩中间插一根木轴，在轴上系上两根粗麻绳，这个活由 5 个人干，4 个人每人拿 1 个绳头，一个人扶着中间的木轴，4 个人用力将石墩子拉起，再一起松手，石墩子砸在地上，扶木轴的人口中喊着号子，以便其余 4 人可同时用力，一下挨一下往前砸，直到全砸完，再往里填一次土，大约半尺厚，搂平后再砸。另一件砸夯的工具是碌碡，用两根木轴绑在碌碡两边做成夯，可一边 4 个人共同来砸，也有一个人在旁边喊号，如“大伙加把劲呀，哎嗨哟啊！”砸一下，“把那地来砸呀，哎嗨哟啊！”砸

一下，砸完这一层土再填一次土。同时用 1 米左右高的圆木或方木一边钉一个小木棍，两个人对脸砸夯实房角的土，将土都夯砸平口后，连同屋子心全都用碌碡轧一遍，都整理平坦了可以准备垒坯了。随着人民生活水平的不断提高，社会生产力有了长足的发展，后期盖房基本上就不用石夯来砸地基了。有人从建筑队里借来蛤蟆夯（电夯）砸，当时用电夯来砸地基是很讲究的。再后来就出现了出租电夯业务，租用电夯虽然花点钱，但是省了人工，电夯也比人用石夯砸得结实。

扎把子　盖房前由三四个人将散着的秫秸或苇子绑在一起（叫扎把子），在坐地垒坯的年代很少有人家能用苇把子。扎把子是个技术活，都要找熟练工来干。土坯房大都是探把，就是把子探出墙外 5 ~ 6 厘米。三间房大概需扎 150 ~ 160 个把子，平常也就是所说的 4 寸把，3 ~ 4 个人一天基本上就完成。到 1974 年有了砖房后，探把的房子基本上没有了，高粱秫秸的把子改成了芦苇。之后，有些人家用二层把子，就是先盖一层帘子。上房盖时先把帘子铺上，压上一层泥，等泥基本上干了再往上面摆把子，再上泥。这样，既防漏又美观。

探把土房（2000 年摄）

做碱　地基砸好了就可以开始垒房了。原先没有砖的时候都是坐地垒坯，后来有了砖人们认识到房地基上面垒几层砖很好，叫做碱，其基本用意就是防止土地的碱性来腐蚀房屋的主墙。做碱根据自家的实力来确定，五层砖的叫五性碱，七层砖的叫七性碱，最多的人家做十三性碱。不管做几性碱都要压碱草，原先的碱草就是木板，做碱的砖墙要宽，比实墙要宽出 10 厘米左右。比如七性碱，底层五性砖要比实墙宽出 10 厘米，第六层砖里处两边往墙里边缩进去 4 厘米，垒完之后压碱草（或木板，或芦苇，后来用油毡，再后来有的用柏油层）。将木板按一定长宽锯好，平摆在墙上，上面垒一层砖就完活了。

起房　坐地垒坯或是已经坐完碱后起房，都要提前请人帮忙，需要 40 人左右。还得需要几辆车，早时也得用独轮车将坯运到房地基旁。第一性坯要摆好，都摆合适了就开始起房。垒到一定高度就稳过木，过木上面一般都是铺一层裁好的旧炕席，再垒一性坯，后沿必须和前沿稳一样的高度，之后开始嵌山。嵌山就是从前后沿逐步的往中间嵌，一般到10性坯就完了。嵌完山就可以上梁了。先上中檩，再稳二檩和边檩，二檩和边檩固定后用碎坯头和泥将山填平，用泥泥好。边檩和二檩中挖出烟道，烟道里面要用泥抹好，房山抹平就可以上盖了。堂屋中檩上有的写上“上梁大吉”，用二尺红布在中间放一把糖、两盒烟和四块钱。讲究的人家找人在中檩画上阴阳鱼，图案两边写一副对联“上梁正逢黄道日，建房恰遇紫微星”。

上盖　房檩稳好、房山都抹平后就准备上盖。上盖大多都从两坡上，也就是东西两面同时上盖。一边三个人，一人骑中檩、一人在边檩前沿、一人在边檩后沿，两边共6个人。下面扔泥4个人、和泥4个人，上面稳房檩时下边已开始和泥，这泥是带捻草的泥。摆好把子，上面压泥，从两边向中间合龙。庆祝合龙要包饺子给大家吃，每人都吃几个，基本上都是素的。房主在合龙时在堂屋烧一小摞黄纸，将饺子上贡，专门找几个小小子在屋里跑一跑、转一转，烧纸的活儿都是主妇干的。合龙的活儿也是留给有经验的人来干。最后一人站在梯子上用铣将最后泥抹平，上盖完成。

在上把子的同时剩余的人在两边房山、屋内用泥板抹墙，合龙后如果时间允许全体人都抹房。一天时间就将房盖起、将房抹完。

安门窗　老土坯房的门基本上都是木板门，院子那个门叫大门。堂屋的门板都是两扇的，大多数都是80厘米，也有宽一点的，院子的大门是90～100厘米。有安小板门的，也有只安门框挂门帘的，不安门。窗户都是100个方眼的，俗称百眼窗，糊上白纸就好了。随着土坯房改造成砖房，门窗也都改成了木制和铝合金通体门窗。

百眼老式门窗（2014年摄）

铝合金门窗（2015年摄）

二、砖房

砸完地基，请了很多人帮垒砖，先垒房台再起正墙。过火眼、烟道都留出来，把门窗安上，垒够高后，稳过木、稳房檩、上盖，与土房都一样。

天津市地处北纬 39 度以北，冬天很冷，最低气温在零下 20 多度的年份很多，所以盖一所温暖的住宅是非常重要的。老人们讲:“咱为什么不盖砖房，因为砖房冷”“咱这地方不适合盖砖房，咱这里碱砖不碱土”。实际上是没钱盖不起砖房。

随着社会的发展和人民生活不断提高，村中第一所砖房建成后，村民就认识到砖房的好处。但是由于经济条件所限，对砖瓦房还是渴望而不可及的。1971 年，村里来了一位姓赵的师傅说服两户人家烧了第一窑砖盖房，共烧了四万块砖，用的是无窑烧砖法。第二年又有 5 家合伙烧了五万块砖。自烧砖的成本是每块不到一分钱，比买砖能省很多钱，因此烧砖一直延续十几年。1983 年，国家实行承包责任制，全村共烧了 40 多窑，有村民自家就烧了三四窑。

自烧砖砖墙（2014 年摄）

1983 年后，村民们盖的砖房越来越讲究。第一是房子进身跨度加大了，从原来的 4 米加大到 5 ~ 6 米，房子更宽敞了。第二是门和窗都改大了，屋里相当亮堂。第三是加柁。三间房有一架柁，四间房也有一架柁。第四是增建拐子房，也就是对着大门的偏房。第五是建转圈房，就是北房、偏房和南房三面连在一起。第六是用水泥打地梁、打圈梁和打房盖。有的人家除去北房，其他房都是水泥打的房盖，也有的人家北房、偏房、南房和门楼全是用水泥打成。第七是原来的泥口改成用白灰垒砖和水泥垒砖。

三、楼房

潘楼村楼房建设于 2005 年动工，2006 年 9 月完工。村民在 2006 年 9 月 20 日抓阄分房，之后开始各自装修。楼房分为四种，偏单、独单、偏独连体和三室一厅。楼房的分配办法是每人 50 平方米，每个户口本平价买 50 平方米。偏单 98.6 平方米，按 100 平方米计算。独单有 51 平方米、52 平方米、53 平方米三个规格，按 50 平方米计算。偏独连体按 150 平方米计算。每个套房都有起居室、卧室、厕所、厨房。2007 年元旦前大部分村民搬进了宽敞明亮、舒适方便的楼房居住。共十二幢楼房，东边五幢，西边五幢，中间靠北边两幢。小区中间是个有凉亭、假山、小池的小广场，小区四面有围墙，自来水、天然气、地采暖俱全。村民们过上安居乐业的小康生活。

潘馨园广场（2015 年摄）

第三节　基础设施

一、供排水

多年来村民喝井水，井水又苦又咸，也不太卫生。因为井和坑相距仅 4 米远，井水里掺有过滤的坑水。1974 年，上级为改善村民的饮水条件，打了一眼水泥管机井，费用都是上级拨款，可惜这眼井 1976 年地震时震坏了。为解决村民吃水问题，村里在村后打了两眼压把井，在离村 300 多米的口子门地边上打了一眼压把井。

1978 年，在原来的水泥管的井东边 80 米远处打了一眼 361 米深的钢管机井，投资4万元。这眼井，水质甘甜，全村人都到机井处挑水。1983年，全村各户接通了自来水，用泵将水压到各家各户，解决了多年来挑水吃的状况。1993年，又接通了天津市自来水公司的水，由于效果不理想，村民还是用机井的水。

1990年前，村里的排水都是从老庄台儿高处自然往下流。下大雨时，水顺着胡同流到庄台儿的下面土道上，向东、西分流，东面流到小坑，西边流到大西坑。

1990年，村中修公路时安装了下水管，对着每一个胡同留一个小井子，各家各户自费将下水管接到井子里，费用根据各家离井子的远近而定。

二、供电

1958年以前，潘楼村所在地区无电。1958年，开始给本村所属地区拉接电线，架设电杆。村里通电后，培养了电工孙广菊、高振贤2人。1961年，有电工3人。1985年，公社成立了电管站，组织电工培训班，培训45天，合格后发给上岗证。

（一）电力设施

2007年，村民都搬迁入潘馨园小区后，村农业用电基本结束，村民生活用电量随着生活条件的改善而增加。到2014年，全小区电力改造后，有变压器4个，1700千伏安。2015年，平房大队办公楼315千伏安和180千伏安变压器仍在用，全村年用电量2015千伏安。

（二）用电量

1970年全村用电量4.5万千瓦时，其中生活用电1.7万千瓦时，农业用电1.6万千瓦时，其他用电1.2万千瓦时。1986年用电量6.9万千瓦时，其中生活用电1.9万千瓦时，农业用电3.5万千瓦时，其他用电1.5万千瓦时。2007年用电量44万千瓦时，其中生活用电40万千瓦时，其他用电4万千瓦时。2010年用电量92万千瓦时，其中生活用电88万千瓦时，其他用电4万千瓦时。2013年用电量98万千瓦时，其中生活用电94万千瓦时，其他用电4万千瓦时。2014年小区电力改造，各户换成磁卡表，各户到售电处自己买电。

三、桥梁公路

（一）桥梁

1978年，村里出资接通了潘楼村与郭村相连接的河上的桥梁。1988年，出资30万元和姚村合资修建了一座在丰产河上的水泥桥。

（二）村内公路

工西路是2012年和2013年分两期修成的，2012年入冬前完成天津工业大学旁1.7千米，2013年南接津涞公路，7月完工。工西路中间有绿化隔离带，车行道宽32米，工西路南接津涞公路，北接宾水道。

潘馨园小区北边慧学道全长1200米，2009年开工，2010年完工，贯通工西路和工一号路，路宽28米。

2007年5月，投资140万元修建潘馨园小区南面、西面柏油路，路面宽10米，长650米。

（三）环村公路

1990年，投资13.5万元修建环村简易公路。2000年5月，投资140万元修建环村柏油公路。

四、其他

（一）路灯

村中的路灯是和公路一起建的，修一条公路接一条路的路灯，给村民的夜间出行带来了很多方便。

（二）公共厕所

1972年，庄台儿四面有四个公共厕所。厕所很简陋，土墙围成，厕所的房顶盖半面、敞半面，用不了几年就要翻修，后来就改成砖墙厕所。随着住房的增多，又陆陆续续新建了四个公共厕所，后建的厕所质量较之前有所改善。厕所有固定的人每天清理，用车将粪便拉到固定的粪场。

第八章　中共基层组织群众团体

潘楼村党支部是村各组织和工作的领导核心，接受上级党组织的监督和领导，传达落实中央和上级领导的精神及工作任务。群众团体是在各级党组织的领导下，依法依规完成上级下达的各项任务，自觉履行职责。

第一节　潘楼村党组织

一、党建及政治活动

（一）抗日战争时期

中国共产党从抗日战争时期就在本村及各村展开地下活动，中共冀中区八地委派津江浦支队（后改为津南支队）进入津南地区开展工作。1944 年 3 月，中共冀中区委决定进入津南地区工作，由中共九地委组织实施，津南支队划归中共九地委领导。1944 年 10 月，中共九地委决定建立津南工委，下设若干工作组，分片开展工作，潘楼及周边地区属第七工作组领导，派出以区委书记张良为组长的工作组积极开展秘密工作。在津南工委的领导下，发动群众扒铁道、割电线、毁交通、挖地道，打击日本侵略者。潘楼村村民积极响应工作组的号召，在村里挖地道，地道从李金安家通到魏金友家院，再通到官房院，总长 100 多米。1944 年，村民刘其贵、李金付在张良工作组的安排下参加津南支队“游击队”；孙广禄参加回民支队，在抗日战争中光荣牺牲。村民董山参加抗日战争和解放战争，1952 年复员回村。

（二）解放战争时期

1949 年初，天津县五区委工作组吴宝华、郑位恒等人在天津县委领导下，开展了建党和建政工作，潘楼村李金良、李金付、李金海、赵崇仁同时加入中国共产党，李金良担任了第一届村党支部书记兼民兵队队长。在区工作组的领导下，成立农会、民兵连、共青团、妇联会，并组织群众开展土地改革、镇压反革命等运动。

（三）社会主义改造和建设时期

在区工作组和村党支部、农会的领导下，村广大贫下中农分得了土地。为避免出现资本主义自发势力的倾向，适应生产力的发展，党中央号召农民组织起来，走农业合作化道路。村共产党员积极带头入社，并耐心做群众工作，1955 年潘楼村成立了初级农业合作社。

1956 年，全国掀起了农业生产合作化高潮，潘楼村在党支部领导下随即加入了高级农业生产合作社。高级农业社由姚村、潘楼、郭村、刘庄、马家寺、华庄子 6 个村组成。

1958 年，实行人民公社化，全村成立了大食堂，在“一大二公”的思潮影响下，村内刮起了“一平二调共产风”，出现了生产管理上瞎指挥现象，并开始大炼钢铁，从各家搜取锅、铁、铜等金属，严重影响了农民积极性，给农业造成了严重损失。

1960 年，中央发表了《关于农村人民公社当前政策问题的紧急指示信》。1961 年，按照中央“三级所有、队为基础”的指示精神，在党支部领导下，潘楼大队下设 2 个生产队，开始纠正“一平二调的共产风”。

1963 年，村 2 个生产队分为 4 个生产队。1964 年，进行了“粗线条四清”，建立贫下中农协会。1965 年，中共天津市委派四清工作队进村开展四清运动。四清内容是清政治、清经济、清组织、清思想。1966 年初，“文化大革命”开始，村党组织受到冲击，党组织生活也被迫停止。1967 年，造反派夺权，干部靠边站。1968 年，成立大队革命委员会。1969 年，中共第九次全国人民代表大会召开，开展了整党建党工作。1970 年，建立村党支部，村党组织得到恢复，直到 1976 年“文化大革命”结束。

（四）改革开放新时期

1976 年 10 月，在公社党委领导下，大队党组织开展了肃清江青反革命集团流毒，消除“文化大革命”所造成的消极影响的活动。1978 年按照中央规定全面落实党的政策，对四清及“文化大革命”中受到错误处理的党员干部按照实事求是的原则予以平反，同时给地富分子摘掉帽子。

1980 年，中共中央发出《关于进一步加强和完善农业生产责任制的几个问题》

的指示，潘楼村于 1984 年建立了集体统一经营和农民家庭分散经营相结合的农村经济体制，统一耕种、收割，各户管理。

根据中共中央《关于整党的决定》，全村统一在 1985—1986 年分三期进行了整党工作，认真贯彻执行中共中央的决定。从思想作风纪律和组织上进行了严格的整顿，通过学习党章和整党文件，在提高认识的基础上进行了对照检查，使党支部的战斗力、凝聚力得到了增强，党员的先锋模范作用进一步得到发挥。

潘楼村从 1994 年开始开展党员评议活动，分别评议出优秀共产党员、合格党员、不合格党员。

1996 年，在党员中开展“尽党员义务，做合格党员”大讨论活动，村全体党员在二次创业中充分发挥先锋模范作用。

1997 年，在村党员中开展充分发挥“三个作用”的大讨论活动。党组织的战斗堡垒作用、党员先锋模范作用、干部的示范带头作用都得到了进一步的发挥。

2000 年，开展“三讲”教育，即讲学习、讲政治、讲正气，突出政治的核心。

2001 年，深入开展学习“三个代表”重要思想的教育活动。

2006 年，开展保持共产党员先进性教育，开展“我为南河发展献计”大讨论活动。

2008 年 5 月 12 日，四川汶川发生特大地震，村党支部发动党员缴纳特殊党费。

2005—2013 年，组织全体党员学习以胡锦涛为总书记的党中央坚持以人为本、全面协调可持续发展，构建社会主义和谐社会，加快生态文明建设形成中国特色社会主义事业总体布局；保证和改善民生，促进社会公平正义，推进中国共产党的执政能力，以及先进性建设，形成了科学发展观的路线、方针、政策。

2013—2015 年，组织全体党员学习习近平总书记的系列重要讲话精神，要求每个党员真正学好，立于行动。

2015 年全体党员名单

表 29

序号	姓名	性别	出生年月	学历	就职单位	入党日期
1	何宗仁	男	1934.9.27	小学	无	1956.10.13
2	刘其祥	男	1930.9.15	小学	无	1958.12.29
3	王彦楼	女	1946.12.6	小学	无	1965.7.1
4	孙广泰	男	1937.7.17	小学	无	1966.7.1
5	高云才	男	1945.11.29	初中	无	1967.10.14

续表 29

序号	姓名	性别	出生年月	学历	就职单位	入党日期
6	刘玉成	男	1942.1.23	初中	无	1967.12.8
7	张志义	男	1945.8.8	初中	无	1975.4.7
8	李玉成	男	1953.10.17	初中	物业	1976.4.28
9	李玉云	男	1953.7.1	大专	无	1976.6.9
10	李玉坤	男	1958.8.4	高中	物业	1983.3.3
11	李玉芳	女	1954.12.13	小学	无	1983.11.28
12	李玉栓	男	1963.3.1	初中	物业	1985.5.11
13	董树清	男	1964.11.18	高中	无	1985.10.1
14	张万海	男	1954.5.26	小学	物业	1986.7.8
15	高云海	男	1968.8.5	初中	胶布厂	1989.4.27
16	何俊起	男	1968.12.28	大专	村委会	1992.6.1
17	李玉起	男	1957.4.23	高中	村委会	1992.6.1
18	张全胜	男	1967.4.11	初中	无	1992.6.1
19	张云生	男	1964.10.7	大专	无	1992.6.1
20	刘俊生	男	1974.10.9	初中	村委会	1995.10.1
21	孙广云	男	1974.10.27	高中	无	1996.12.13
22	孙广江	男	1969.6.16	大专	无	1997.6.25
23	张全利	男	1971.7.27	高中	村委会	1997.6.25
24	王俊凤	女	1964.4.26	大专	村委会	1997.6.25
25	华锡建	男	1976.9.13	初中	无	1997.10.29
26	李　斌	男	1979.2.14	初中	无	1998.10.8
27	李　伟	男	1979.4.26	初中	无	2000.8.1
28	孙德佳	男	1980.11.5	初中	无	2000.8.1
29	刘玉才	男	1957.1.7	高中	物业	2001.7.26
30	刘长明	男	1968.8.26	初中	无	2001.7.26
31	华锡强	男	1970.9.14	初中	无	2001.7.26
32	李春园	女	1984.1.24	大专	物业	2005.12.21
33	李玉清	男	1960.10.29	中专	无	2007.9.27
34	张文才	男	1941.12.10	高中	村委会	2008.6.1
35	董学欣	女	1990.11.1	大本	无	2014.12.20

历届党支部成员名单

表 30

任职时间	支部书记	副书记	支部委员
1949—1956	李金良	—	李金付、李金海、赵崇仁
1956—1958	李金付	—	李金良、赵崇仁
1958—1962	何宗仁	—	赵崇仁、李金海、张恩起、张桂敏
1962—1965	李金良	—	赵崇仁、李金海、张恩起、张桂敏
1968—1970	李金付	赵崇仁	张恩起、何宗仁
1970—1973	张维华	高云才	刘玉成
1973—1975	张维华	刘玉成	高云才、张恩起、刘其祥
1975—1979	刘玉成	张维华、刘长青	李玉振、张恩起、何宗仁
1979—1982	张维华	李玉云	何宗仁、刘玉成、李玉振
1982—1984	李金良	刘玉成	李玉云、李玉成、高云才
1984—1987	刘玉成	—	李玉云、李玉成
1987—1989	李玉云	张志义	李玉成
1989—1995	李玉云	—	张志义、李玉成
1995—1998	李玉云	—	李玉成、张全胜
1998—2003	李玉云	—	李玉成、张全胜
2003—2012	李玉云	—	李玉成、孙广江
2012—2015	李玉起	—	王俊凤、孙广江
2015—	何俊起	—	张全利、李玉起

历届乡镇级优秀党员名单

表 31

姓名	获奖时间
李玉云	1977、1999
李金利	1977、1988、1993
赵崇仁	1981、1988
李玉振	1981
李玉成	1982、1998
张维华	1993
李玉芳	1993
张全胜	1996、1998
李玉起	1996、1998、1999
何俊起	1999、2001
孙广江	1999、2001
王俊凤	2001
刘玉才	2010

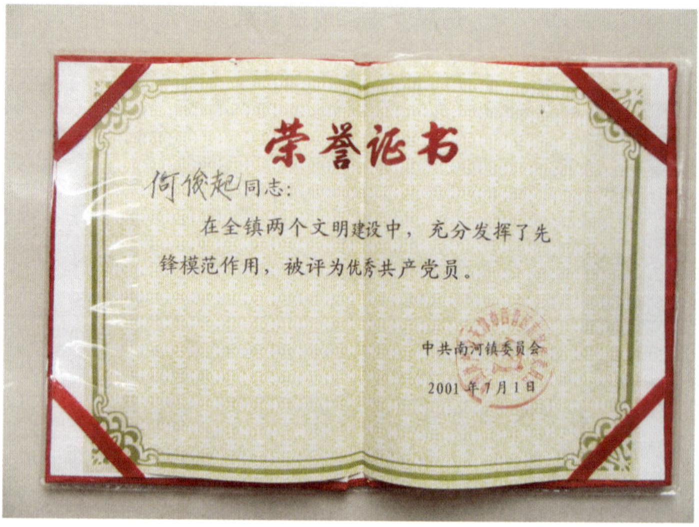

2001 年度优秀党员证书

党务　村党组织定期召开三会一课和党小组活动，学习内容为党章、中央会议精神和区镇党委的重要指示等。

表 32

出席区党代会代表名单

李玉云	1989 年第五次党代会
李玉云	1992 年第六次党代会
李玉云	2006 年第九次党代会

三会一课（2015 年摄）

2008年，四川省汶川发生特大地震，潘楼村党员积极缴纳特殊党费，以示对灾区群众的一片爱心。

表33

2008年村党员为四川特大地震缴纳特殊党费花名册

序号	姓名	性别	工作单位	职务	金额（元）
1	李玉云	男	潘楼村党支部	书记	1000
2	孙广江	男	潘楼村党支部	委员	1000
3	李玉成	男	潘楼村党支部	委员	1000
4	李玉起	男	盛华物业公司	经理	500
5	张全胜	男	—	—	500
6	刘玉才	男	—	—	500
7	华锡建	男	—	—	200
8	李玉坤	男	—	—	200
9	华锡强	男	潘楼村委会	后勤	200
10	高云海	男	张家窝胶布厂	主任	200
11	李金海	男	—	—	200
12	李春园	女	盛华物业公司	会计	200
13	王俊凤	女	潘楼村委会	—	200
14	李玉清	男	—	—	200
15	张云生	男	—	—	200
16	何俊起	男	—	—	200
17	张全利	男	—	—	200
18	刘俊生	男	—	—	100
19	孙广菊	男	—	—	100
20	何宗仁	男	—	—	100
21	王彦楼	女	—	—	100
22	刘其祥	男	—	—	100
23	孙德佳	男	—	—	100
24	李玉芳	女	—	—	100
25	张万海	男	—	—	100
26	刘长明	男	—	—	100
27	董树清	男	—	—	100
28	李　斌	男	—	—	100
29	刘玉成	男	—	—	100
30	张志义	男	—	—	100

续表 33

序号	姓名	性别	工作单位	职务	金额（元）
31	王金生	男	—	—	100
32	孙广云	男	—	—	100
33	孙广太	男	—	—	50
合计	—	—	—	—	8250

第二节　群众团体

一、共青团组织

中华人民共和国成立后，潘楼村成立青年团组织，在中国共产党领导下，围绕党的中心工作，积极开展适合青年特点的活动，对青年进行思想教育，组织青年成立文艺宣传演出队以三句半、相声、歌曲等文艺形式歌颂新中国，宣传党的方针政策和英雄模范事迹，收到广大群众的好评。

在抗美援朝运动中，动员青年参军参战。潘楼村青年吴少堂积极报名，参加中国人民志愿军赴朝参战。

在社会主义建设时期，潘楼村团组织调动全村青年的积极性，在改土治碱、深翻土地、根治海河等活动中，勇当先锋，起到了突击队的作用。

在精神文明建设中，潘楼村团员青年响应毛主席号召，积极开展“学雷锋”活动，利用下班时间，为生产队抢收麦子。开展义务植树，为“五保户”挑水、泥房。潘楼村团组织还以青年图书室为阵地，丰富青年的业余文化生活，配合妇女组织，开展健身操、太极拳等活动。配合村委会，在青年中开展各项体育活动，参加镇政府举行的农民运动会，并多次获奖。

为提高团员青年的思想政治水平，潘楼村团组织广泛开展学党章活动。通过学习，全村团员青年积极向党组织靠拢。自 1992 年以来，有 10 余名青年加入了中共党组织。

潘楼村团组织还动员团员青年为四川地震灾区和天津滨海新区爆炸事故中牺牲的消防烈士踊跃捐款，以表爱心和敬意。

在“创文”工作中，潘楼村有 15 名团员青年参加青年志愿者活动，在居住小区清理垃圾、清洗体育设施，向村民宣传“创文”知识，促进了潘馨园小区的净化美化。

表 34

潘楼村历届团支部书记名单

姓名	任职时间	姓名	任职时间
张桂敏	1965—1968	李玉起	1981—1984
田万洪	1968—1971	孙俊茹	1984—1987
孙月英	1971—1973	张全胜	1987—1990
刘长青	1973—1975	李玉喜	1990—2008
刘玉强	1975—1978	王俊凤	2008—2015
孙广玉	1978—1981	张全利	2015—

二、妇女联合会

1949 年，潘楼村成立妇女组织，并开展宣传教育工作，破除封建思想，提倡男女平等，动员妇女参加社会建设，积极宣传婚姻法，从家庭束缚中解放出来。成立秧歌队，表演文艺节目，宣传贯彻国家各项方针政策。

在社会主义建设时期，广大妇女与男劳力一起参加劳动，充分发挥“半边天”作用。在贯彻党的计划生育方面，妇联发挥主力军作用。

在村妇联的组织下，2008 年成立秧歌队、扇子舞队。以此为基础，之后又正式成立了“精舞飞扬舞蹈队”和“潘馨园快乐舞队”。精舞飞扬舞蹈队曾多次参加市、区、镇组织的比赛，获得天津市妇女健身舞蹈大赛一等奖和西青区舞蹈大赛一等奖等奖项。精武镇文化站开展“武术六进”活动，聘请霍元甲文武学校专业教师到潘楼村教授太极拳等健身项目，全村有 20 余名妇女参加练习。

潘楼村妇联组织把维护妇女合法权益摆在突出位置。认真研究解决新形势下妇女维权工作面临的新情况、新问题，解决妇女就业、劳动保护、土地承包、婚姻家庭、人身权益等方面的突出问题。加强对妇女的普法宣传教育，增强妇女依法保护自身权益的意识和能力。

潘楼村妇联组织紧紧围绕村党支部、村委会工作部署，积极落实各项政策，精心为妇女搭建各种平台。组织开展最美家庭、庆“三八”国际妇女节、遨游书海、创文创卫等一系列主题实践活动，丰富妇女的空闲生活，同时也为妇女提供一个展示自己的平台。

表 35

潘楼村历任妇联主任名单

姓名	任职时间	姓名	任职时间
张素珍	1953—1958	李桂芬	1976—1979
张桂敏	1958—1965	孙素芳	1979—2008
李玉凤	1965—1971	王俊凤	2008—2015
韩玉珍	1971—1976	—	—

第九章　基层自治　军事　民政

潘楼村民委员会是经村民选举的基层群众性自治组织。改革开放后，村的各种规章制度逐步规范化。截至 2015 年，潘楼村民委员会包含村中的民兵连、治保会、村务监督委员会和集体经济组织等部门在村各项建设中发挥重要作用。

第一节　行政组织

一、新中国成立前

1949 年以前村行政机构是村公所，实行保长制，张廷汉为最后一任保长，负责村中日常事务。

1949 年初，区委工作组吴宝华、郑位恒等人在天津县委领导下开展了建党建政工作，潘楼村李金良任书记兼民兵队长，高振贤为治安员，农会有李金付、李金海、赵崇仁，发动群众宣传党的政策，在区工作组领导下斗地主、分田地。

二、新中国成立后

1949 年，潘楼村成立农民协会。农民协会是当时村中的重要领导机构。农民协会在党组织领导下，完成党在新中国成立初期的各项工作。如进行四十天农村运动，即废租查漏，粗分土地，并实行了土地改革，建立农村政权，维护社会治安。农村党政组织建立后，乡级不设农会组织，村农会组织自行消失。

1952 年，天津县进行第二次土地改革，并下发土地证，保证了土地所有权，发动群众搞好生产，多打粮，支援国家建设。1953 年，村隶属西郊区郭村乡。这时期

1950年潘楼村第一届村领导合影
前排：李金良（左）、李金海（右）
后排：高振贤（左）、李金付（中）

村长由村支部书记考证，报乡政府批准备案，村长为李金海。1954—1959年，村长为李金付。1958年，成立人民公社，村机构改为潘楼生产大队，行政职务为大队长（大队长由村长过渡）。1959年以后，大队长由党支部成员分工兼任，治保主任也由支部委员兼任，民兵连连长、青年团支部书记、妇联会主任由支部委员会讨论研究任命。

1963年，在社会主义教育运动中，中央强调要组织阶级队伍，农村各级组织要树立仅仅依靠贫下中农的思想。1966年9月四清运动开始，在工作组的领导下，成立了贫下中农协会，主席为李金波，成员有张恩富、孙殿恒、刘玉田。四清运动由上级派的工作组领导工作，工作组领导队长为谢茹，村干部大部分“靠边站”，停职。“文化大革命”中贫协组织停止工作。

1968年，潘楼村遵照上级指示精神，成立了革命委员会，革命委员会主任李金付，副主任赵崇仁。1970年，根据上级指示精神，潘楼村恢复了党组织的建设，成立了党支部，一元化领导从1969—1972年，下设有园田组、旱田水稻组、后勤组、科技组。1983年以后，村政干部由大队长过渡为村委会主任。

表 36

潘楼村历届村长、大队长、村委会主任名单

任职时间	姓名	职务
1952—1954	李金海	村长
1954—1959	李金付	村长
1959—1962	赵崇仁	大队长
1962—1965	何宗仁	大队长
1970—1974	刘其祥	大队长
1974—1977	李玉振	大队长
1977—1982	王金生	大队长
1982—1983	刘玉成	联合社社长
1983—1987	李玉成	村委会主任
1987—1995	张志义	村委会主任
1995—2003	李玉成	村委会主任
2003—2006	孙广江	村委会主任
2006—2012	张志军	村委会主任
2012—2015	李玉峰	村委会主任
2015—	张长利	村委会主任

潘楼村历届治保会在村党组织和治保主任带领下，为村稳定社会秩序、建设和谐社会发挥应有的作用。

表 37

潘楼村历届治保主任

姓名	职务	任职时间	姓名	职务	任职时间
高振贤	治安员	1949—1950	张恩起	治保主任	1976—1978
赵崇仁	治安员	1950—1953	李玉振	治保主任	1978—1981
赵崇仁	治保主任	1953—1959	李玉成	治保主任	1981—2001
张恩起	治保主任	1959—1962	孙广江	治保主任	2001—2003
李金付	治保主任	1962—1964	李铁刚	治保主任	2001—2014
张恩起	治保主任	1964—1974	李玉起	治保主任	2014—
刘其祥	治保主任	1974—1976	—	—	—

第二节 主要行政工作

一、普法教育

1986年，根据南河镇政府普法领导小组安排，进行第一个五年普法教育，主要利用广播和标语形式。1991—1995年，实施第二个五年普法教育，普法率达到85%。1993年普法教育主要内容是学习《中华人民共和国宪法》《中华人民共和国民事诉讼法》《中华人民共和国婚姻法》《中华人民共和国农业法》《中华人民共和国土地法》。

二、村规民约

潘楼村在2000年1月31日，制订关于村民户籍暂行管理规定；2004年，制订关于潘楼村福利待遇有关规定；2006年，制订关于潘楼村福利待遇有关规定（修改本）。

三、档案工作

1958—2015年，潘楼村档案由大队会计保管。2015年，村建立了档案室，由专人进行管理，管理人员为张长胜。

四、创建卫生村

1971年，村规定各户粪便、垃圾都倒在集中点，村中卫生有所改善。1976年，建立了砖砌垃圾点，由各小队管理。1990年，全村有砖砌了垃圾点12个。2006年，村民搬进楼房居住，设立了垃圾箱，成立街道清扫队，卫生工作纳入日常工作中。

五、绿化

1970—2004年，潘楼村每年在3月12日植树节期间，在河边、路边、河套、河堤植树，植树品种有槐树、柳树、榆树。各户房前屋后种有枣树、榆树，植树造林工作由共青团、民兵连、党支部组织完成。2006年，村民搬进楼房住宅小区，小区周边大道栽有国槐1100棵，小区内有草坪、花树、槐树、梧桐树、法桐树，绿树成荫，鸟语花香。

第三节　军　事

一、津南支队

津南支队建于1943年，原津浦支队有三个连的建制。在特派员梁永泰、队长冯景权（冯三）带领下，在津南静海一带开展工作。为了切断敌人的交通要道，削弱敌人势力，中共津南县委津南支队多次组织铁路沿线的游击队及各村民兵开展扒铁路活动，并发动群众对敌开展游击战。解放天津时，有200余名解放军进驻潘楼村及其附近村庄，团部设在潘楼村，村民自愿把房屋让给解放军居住。村内还出动大车运粮，派村民引路、参加担架队，为解放天津做出贡献。

表38

潘楼村入伍人员情况表

序号	姓名	性别	政治面貌	入伍时间	退伍时间
1	董　山	男	不详	不详	1953
2	刘润福	男	群众	1947	1948
3	高云亭	男	群众	1949.1	1955.1
4	孙殿杰	男	党员	1949	1956
5	吴少堂	男	群众	1949	1955
6	张万明	男	群众	1960.3	1964.2
7	魏凤祥	男	群众	1963.8	1968
8	李金生	男	群众	1963	1968
9	刘玉成	男	党员	1965.3	1970.3

续表 38

序号	姓名	性别	政治面貌	入伍时间	退伍时间
10	高云才	男	党员	1965.3	1969.3
11	华玉良	男	群众	1965.9	1969.9
12	孙广文	男	群众	1965.9	1969.9
13	魏凤光	男	党员	1968	1986
14	李玉其	男	党员	1968	1982
15	张志利	男	党员	1970.12	1977.3
16	李玉来	男	群众	1971.1	1975.2
17	李玉成	男	党员	1973.1	1977.3
18	孙广庆	男	群众	1975	1978
19	刘玉才	男	党员	1976.3	1981.3
20	李玉清	男	党员	1978.1	1980.6
21	李玉坤	男	党员	1978.1	1990.12
22	李玉江	男	群众	1979.1	1982.1
23	李玉彩	男	群众	1979.12	1985.1
24	刘玉柱	男	党员	1981.1	1984.1
25	李玉栓	男	党员	1981.1	1985.1
26	董树清	男	党员	1982.1	1987.1
27	高云海	男	党员	1985.1	1990.3
28	田智强	男	群众	1991.12	1993.12
29	刘俊生	男	党员	1992.12	1995.12
30	孙广云	男	党员	1993.12	1997.12
31	华锡建	男	党员	1994.12	1998.12
32	李玉宝	男	群众	1995.12	1998.12
33	李　斌	男	党员	1996.12	1999.12
34	刘　静	女	党员	1996.12	2001.12
35	李　伟	男	党员	1997.12	2000.11
36	孙德佳	男	党员	1998.12	2000.12
37	孙德贤	男	群众	1999.12	2002.12
38	刘俊超	男	群众	2000.12	2002.12
39	魏　强	男	群众	2001.12	2003.12

二、兵制

1955 年国家颁布《中华人民共和国兵役法》，实施义务兵役制。征集条件及对象为 18 ~ 22 岁的青年，身体素质好，政治思想好，家庭及主要社会关系无政治历史问题的适龄青年，体检、政审合格后，经区武装部批准应征入伍。村里第一个批准入伍的是张万明，以后陆续都有。

三、民兵

（一）作用

潘楼村民兵组织建于新中国成立初期。规定凡年龄 18 ~ 35 岁青年，政治可靠，身体健康，本人自愿，经批准均可参加民兵组织。当时民兵组织在镇压国民党残余分子、防匪反特、稳定社会秩序、保卫土改胜利果实、巩固新政权建设中发挥积极作用；在社会主义建设初级阶段，村民兵组织为发展农业生产、改土制碱、防汛抗旱、挖河筑堤等各项工作中都有突出表现。进入 21 世纪后，村民兵组织在建设美丽乡村、维护治安工作中仍然发挥着重要作用。

（二）训练

新中国成立后，民兵组织配备武器，并进行军事训练，训练科目为队列、射击、投弹、爆破、武术、单兵战术等。1958 年，公社实施大兵团作战，边训练边生产，吃住在外。1964 年，公社武装部发放的枪支有“三八大盖”“汉阳造”步枪等。“文化大革命”开始后，由武装部将武器收回。20 世纪 70 年代，公社武装部再次发放枪支用于民兵训练。80 年代，各种枪支弹药由镇武装部收回。90 年代，民兵训练以大纲为依据，由镇武装部组织民兵预备役人员参加各种训练。

表 39 潘楼村历届民兵连连长名单

届次	时间	姓名	届次	时间	姓名
1	1949	李金良	9	1975	刘玉福
2	1952	李金海	10	1978	李玉云
3	1955	高振贤	11	1981	张恩起
4	1958	赵崇仁	12	1984	李玉成
5	1962	刘玉成	13	1998	李玉起
6	1965	李玉明	14	2007	李玉清
7	1969	李玉魁	15	2013	李玉起
8	1972	魏凤祥			

第四节 民 政

一、优抚

1952年，村土地改革运动中，给贫下中农分土地、分房屋，优先考虑军属。1956—1984年，村中对军烈属给予工分补助，补助的标准是按全村平均工分进行补助。1986年，镇政府规定军属待遇不低于后勤干部人员的70%。

潘楼村参军人员补助明细表

表40

年份	金额	人员
1985	360	李玉坤、李玉栓、董树清、孙广泰
1986	500	高云海、董树清、李玉坤、孙广泰（550元）
1987	700	高云海、李玉坤、孙广泰（750元）
1988	1000	高云海、孙广泰、李玉坤
1989	1200	高云海、孙广泰、李玉坤
1990	1200	孙广泰、李玉坤
1991	1200	孙广泰、田智强
1992	2000	田智强、刘俊生
1993	2000	田智强、刘俊生、孙广云
1994	2000	刘俊生、孙广云、华锡建
1995	2000	刘俊生、李玉宝、华锡建、孙广云
1996	3000	李斌、华锡建、孙广云
1997	4000	孙广云、华锡建、李斌、李伟
1998	5000	李斌、李伟
1999	5000	李斌、李伟、孙德佳
2000	5000	李伟、刘俊超、孙德贤、孙德佳
2001	5000	刘俊超、魏强、孙德贤
2002	5000	刘俊超、魏强、孙德贤
2003	5000	魏强

天津市民政局对参战退役军人及因病残退伍军人参照《军人抚恤优抚条例》及天津市有关规定定期发放补助。潘楼村享有此补助的有：高云亭、刘玉成、高云才、李玉清、李玉来、李玉栓。

二、社会救济

（一）“五保”供养

村中五保户（即保吃、保穿、保住、保医、保葬）高云亭，1998 年被安置到镇办敬老院“颐寿园”、2000 年转到张窝养老院颐养；五保户任淑英，2001 年被安置在张窝养老院，2014 年 6 月去世。

（二）慈善募捐

1994 年 4 月 28 日，南河镇党委、镇政府为倡导尊老赡老精神，为孤寡老人办实事，决定建一所敬老院——颐寿园。潘楼村捐款 6000 元，村民捐款 500 元以上者有李玉云、张志义。

1996 年，村民为河北省洪水灾区募集棉衣 150 件、毛衣 315 件、单衣 1245 件，共计 1710 件。

1998 年，长江流域和东北松花江一带发生特大洪水灾害，损失历史罕见。村民为灾区捐人民币 1190 元、被 90 床、衣服 115 件。

2008 年，汶川发生特大地震，村委会购买毛衣 95 件、棉衣 35 件、棉裤 12 件、毛裤 27 件、绒衣 29 件、绒裤 7 件、新棉被 100 床捐送地震灾区。全体村民捐款捐物支援灾区。

2015 年 8 月，天津市滨海新区某化工企业发生重大爆炸事故，造成人员伤亡。潘楼村广大村民积极响应上级号召，为在爆炸事故中牺牲的消防烈士积极募捐，以示慰问。

（三）老弱病残救济

潘楼村从 1997 年开始对村中老弱病残人员按照规定纳入最低生活保障范围。截至 2015 年，全村共有低保户 5 户 14 人。

（四）婚丧管理

1. 婚姻登记

1950 年 5 月 1 日《中华人民共和国婚姻法》公布实施后，实行婚姻自由、一夫一妻、男女平等的婚姻制度。当时婚姻登记由乡办公室办理，规定年龄男 20 周岁、女为 18 周岁才能登记结婚。1981 年，实施第二部《中华人民共和国婚姻法》。1982

年 11 月，民政部发布了婚姻登记办法，结婚登记手续由民政部门办理。1991 年 1 月 1 日起，男 22 周岁、女 20 周岁结婚登记实施婚前检查，身体健康符合条件者方能登记。

2. 殡葬管理

1973 年前，沿用土葬。1973 年开始实行火葬。潘楼村第一例火葬者为村民刘玉田之母魏雨芹，此后亡者一律火葬，火葬率 100%。在丧葬办理中，村里坚持提倡移风易俗，村里为亡者提供棺木。

自 2006 年村民搬入潘馨园后，亡者入殓后棺材没地方停。村里新建了一个停放棺材的棚子，棺材两边还可以有孝男孝女陪灵，前面还有摆放供桌和客人行礼的地方。棚子是活动的，拉到任何一个楼门口都可以再固定。为了解决多人吃饭问题，村里在楼外特意盖了一处饭厅，厨房和餐厅相连，餐厅能摆 12 个 10 人用餐的圆桌，可节省不少费用。

村中红白理事会帮忙干活的基本都是村后勤人员，村领导派人管理，各有分工，记账、送信、接待客人、做饭、端饭、饭后清理等有条不紊。但不允许大操大办、喝酒，提倡节俭办事。

第十章　教　育

新中国成立前，全村300余人中识字的不足30人，识字大部分为男人。1952年，全国展开了轰轰烈烈的扫盲运动，村中成年人半数摘掉了文盲的帽子。1949年，村开办了小学校，大多数的学龄儿童能够上学，仍有部分学龄儿童不能上学。1962年以后，村中儿童入学率达90%以上。1958年，张家窝中学建立，很多在村小学毕业的学生到那里上初中。1969年，付村中学建立。1970年，永红中学建立。村里学生基本上普及了初中教育。2006年，村里为考上大学的学生给予补助，2015年又增加了补助金额，村中进入高等学校的学生逐年增多。

第一节　私　塾

新中国成立前，村里没有公立学校，都是由私塾先生来教，村里有上学的都是到东西两庄的学堂学习，后来何茂亭先生在村里教书。1940年后，本村高振汉教书，教学内容有《百家姓》《三字经》《千字文》《弟子规》《名贤集》等。家中较富裕的孩子学习时间长，增加《大学》《中庸》《论语》《孟子》等。学生上学须交纳适当的费用，都是以粮食顶学费。随着社会的发展，逐步增加了国文、珠算、书法等课程，有条件人家的孩子也有进入正规的学校学习。

第二节 学前教育

1958 年，为使广大妇女从家庭解脱出来，参加集体劳动，村里成立了幼儿园，张桂敏担任保育员。幼儿园的经费由集体负担，家长不需交纳费用。1960 年停办。

随着社会的发展和各级政府对教育的重视，1984 年村里又建立了育红班，购买了桌椅、玩具和教学用品等，招收本村学龄前两年的儿童入学，学习手工制作、儿童歌舞和文化知识等，以提高儿童动手、动脑能力，教学目的是促进幼儿身体正常发育和机体的协调性，增强体质、培养学习兴趣。育红班老师先后是孙俊茹、张广敏。2000 年，育红班并入马家寺中心小学。2012 年，又分回村幼儿园。

第三节 小学教育

1949 年，第一所公办小学——郭村五连小学成立，分别是姚村、潘楼、郭村、刘庄、马家寺，本村建在官院房，教室是中间三间房（官房院共 5 间房，东、西各有一间独间），教师崔吉修。课桌椅都是搭的长条木板，一位老师教所有课程，有语文、算术、珠算、毛笔字等。随着入学儿童数量增加，教学内容进一步规范，村内的学校不能满足教学需求，对学校教学进行了调整。潘楼小学只念 1、2 年级，3、4 年级在刘庄小学，5、6 年级到马家寺中心小学念到毕业。1969 年，村南面新盖了两个教室、1 间办公室的砖瓦房的学校，建筑面积 240 平方米。1978 年 8 月，按照西郊区教育局统一安排，北八村统一更名为马家寺中心小学。1984 年，潘楼村和郭村两村共同协商在两村交界处建立郭潘小学，该校占地面积 4.5 亩，建筑面积 515 平方米，共 26 间教室，结构为砖墙、水泥檩、钢筋柁（俗称拉杆柁）。建校费用由两村分担，郭村出资5万余元，潘楼出地4.5亩。之后由于水泥檩、拉杆柁存在安全隐患，学校于2000年废弃，学生都到马家寺中心小学就读。2013年8月5日，在潘楼村西400米处、工西路西边建成天津工业大学附属小学，该校占地39.6亩，建筑面积14488平方米，是一所可供北八村所有学生全部入学的综合性学校。

第四节 中学教育和高等教育

1958年，建立了张家窝中学。1969年，付村中学建成以前，小学毕业的学生基本上都到张家窝中学上学。付村中学建成后，本村小学毕业生开始进入付村中学读书。1970年，建立永红中学；1971年，付村中学并入永红中学，成为永红中学分校。1974年，永红中学增设高中班，从此结束了潘楼村所在地区没有高中的历史。1978年，付村中学独立为初中校。1997年，南河镇政府对付村中学进行重建，学校占地30余亩，建筑面积9000平方米，投资1000万元，于1999年交付使用，学校共有38个教室，10个专用教室，新的付村中学增设高中部，成为一所完中校，同时永红中学撤销并入付村中学。潘楼村为新付村中学、马家寺小学建校捐款11.4万元，潘楼村所在地区小学毕业生可在付村中学完成初高中学业。随着社会的发展，特别是1986年4月实行了九年义务教育制度后，潘楼村所在地区入学率达到100%，高中和大学升学率有了很大提高，为国家培养了有用人才。

20世纪80年代后，潘楼村经济进入快车道，村民们求知意识开始有了很大转变，青少年求学欲望也高涨起来，参加高考人数也多起来。村两委班子于2006年开始为考上各类大学的学生给予助学奖励。

村规定：考上清华、北大奖励2万元；考上重点大学奖励1万元；本科1本奖励6000元，二本奖励5000元，三本奖励4000元；专科（高职）奖励2000元。奖励为一次性，在职取得学历不算。

2006—2015年，村里考上全国各类院校有44人。2003年本村1220多亩地被天津工业大学占用，村民已没有地可种，失地的农民对自己子女教育更加重视。同时，参加工作的很多人还想进入高等学府继续深造，初中、高中升大专，大专升大本，大本考研，续接学历让人们在工作岗位发挥更大作用。

表 41　2006—2015 年潘楼村考入大专以上学历名单

姓名	性别	出生	学历	学校	入学时间	专业
李　津	女	1987	大学本科	天津理工大学	2006	环境科学
王晓雲	女	1987	大学本科	天津现代职业技术学院	2006	印刷技术
刘培培	女	1987	大学本科	石家庄铁路技术学院	2006	土木工程
李　佳	女	1986	大学本科	天津师范大学	2006	数学
孙德伟	女	1986	大学本科	天津师范大学	2006	外语
张　岩	男	1988	大学本科	天津理工大学	2007	计算机信息与科学
高树新	男	1986	大学本科	武汉大学	2007	行政管理
高树媛	女	1989	大学本科	河北工业大学	2008	生物工程
董学欣	女	1990	大学本科	河北北方医学院	2009	临床医学
李德亮	男	1990	大学本科	天津财经大学	2009	计算机软件
田　鑫	女	1990	大学专科	天津师范大学	2009	幼儿教育物业管理
魏　双	女	1990	大学专科	天津医学专科学院	2009	护理专业
孙佳斌	男	1989	大学专科	天津滨海职业学院	2009	电气自动化工程
魏　芳	女	1990	大学专科	天津滨海职业学院	2009	电子信息工程
孙培培	女	1989	大学专科	天津电子信息职业学院	2009	数控技术
李　静	女	1990	大学专科	天津滨海职业学院	2009	日语
李　政	男	1991	大学本科	南京农业大学	2010	材料成型及控制工程
李　欣	女	1991	大学本科	天津师范大学	2010	汉语语言文学
张　浩	男	1991	大学本科	天津师范大学	2010	工商管理
李　岩	男	1992	大学本科	天津理工大学	2011	国际工商管理
高树莲	女	1992	高职	天津开发区职业学院	2011	会计
张长斌	男	1993	硕士研究生	英国爱丁堡大学	2012	管理学
刘　旭	女	1993	大学本科	湖北师范大学	2012	化学
刘　旭	男	1993	大学本科	天津理工大学	2012	物理应用学
田文悦	女	1994	大学本科	重庆医科大学	2012	临床医学
李燕强	男	1993	大学本科	天津农学院	2012	计算机软件
张全荣	女	1993	大学本科	辽宁师范大学	2012	地理信息
李俊文	男	1993	大学本科	河南工业大学	2012	机械
张建雅	女	1993	大学专科	天津商务学院	2012	物流
孙　肖	女	1994	大学本科	天津财经学院	2013	金融系

续表 41

姓名	性别	出生	学历	学校	入学时间	专业
孙　靳	女	1993	大学本科	河北工业大学	2013	制药
孙建强	男	1994	大学本科	天津宝德学院	2013	国际金融会计
华作云	女	1994	大学专科	天津铁道职业学院	2013	交通运营
李俊镁	女	1995	大学专科	天津职业大学	2013	物流管理
李俊利	男	1994	大学专科	天津警官学院	2013	法律事务
刘　婵	女	1996	大学本科	唐山师范学院	2014	历史
李　旭	男	1996	大学本科	天津工业大学	2015	电气自动化
孙　超	女	1996	大学本科	白城教育技术师范学院	2015	传媒技术
孙　悦	女	1997	大学本科	天津工商管理学院	2015	学前教育
李德睿	男	1997	大学本科	天津理工大学	2015	工程材料

至 2015 年潘楼村大专以上学历名单

表 42

姓名	性别	出生	学历	学校	毕业时间	专业
刘玉起	男	1952	大学专科	天津师范大学	1980	中文
牛成芳	女	1962	大学专科	天津音乐学院	1987	师范
张霖生	男	1966	大学专科	电大	1989	计算机
张玉凤	女	1954	大学专科	电大	1990	音乐教育
张同俊	女	1968	大学专科	电大	1990	汉语言文学
田智敏	女	1971	大学专科	天津外语专科学院	1991	外语
刘俊秋	男	1972	大学专科	重庆石油学院	1995	石油机械
董金燕	女	1975	大学专科	电大	2000	会计
左晓东	女	1977	大学本科	天津师范大学	2000	数学
李德虎	男	1974	大学本科	天津理工学院	2001	工业工程管理
张洪秀	女	1965	大学本科	天津市党校	2003	行政管理
刘　畅	男	1988	大学本科	天津工业大学	2014	国际贸易
李　华	男	1980	大学专科	天津干部管理学院	2003	法律
高树娟	女	1983	大学专科	中德国际商务管理	2004	会计
宫媛媛	女	1982	大学本科	华东交通大学	2004	土木工程
刘玉柱	男	1962	大学本科	天津市委党校	2005	公共管理
魏　敏	女	1978	大学本科	天津师范大学	2005	商务教育
李　凯	男	1982	大学专科	天津职业大学	2005	现光工程学
高树欢	女	1983	大学专科	天津职业大学	2005	现光工程学
刘　静	女	1978	大学本科	天津市委党校	2006	企业管理

续表 42

姓名	性别	出生	学历	学校	毕业时间	专业
董学立	男	1982	大学本科	天津外国语学院	2006	日语
张全保	男	1983	大学专科	天津开发区应用学院	2006	生物
刘　程	男	1986	大学本科	电大	2006	刑警
李玉喜	男	1967	大学专科	电大	2008	农村行政管理
刘长青	男	1953	大学本科	天津市委党校	2007	企业管理
王俊凤	女	1964	大学专科	电大	2009	农村行政管理
刘　燕	女	1981	大学专科	电大	2007	法律
王永玉	女	1984	大学专科	天津农学院	2007	财务管理
刘俊顺	男	1985	大学专科	天津交通职业学院	2007	计算机会计
刘俊友	男	1985	大学专科	天津交通职业学院	2007	汽车营销
张长虎	男	1980	硕士研究生	长春理工大学	2008	凝聚态物理
田树梅	女	1979	大学专科	天津财经大学	2008	会计
孙建国	男	1984	大学本科	天津师范大学	2008	生物科技
马　静	女	1985	大学本科	天津医科大学	2008	护理
左吉英	女	1987	大学专科	天津电子信息职业技术学院	2008	计算机
张长亮	男	1982	大学本科	郑州大学	2012	土木工程
孙建美	女	1980	大学专科	电大	2008	电子商务
刘俊坤	女	1983	大学本科	天津理工大学	2008	电子商务　工程造价
王　丽	女	1985	大学本科	天津师范大学	2008	电子信息科学与技术
李　震	男	1985	大学专科	天津城建大学	2008	工程造价
张全想	男	1985	大学专科	天津渤海学院	2008	化学制药
陈洪俊	女	1982	大学本科	吉林大学	2011	护理专业
李春园	女	1984	大学本科	天津滨海职业学院	2009	会计　外语
李皖婉	女	1984	大学本科	电大	2009	行政管理
张爱旭	女	1986	大学本科	西安交通大学	2009	护理
张　雪	女	1987	大学专科	天津师范大学	2009	学前教育
杨晓东	男	1988	大学专科	石家庄法商学院	2009	企业管理
靳　倩	女	1985	大学专科	天津理工大学	2010	幼儿教育
牛　颖	女	1986	大学专科	天津理工大学	2010	幼儿教育
王永欢	女	1987	大学本科	天津农学院	2012	统计
王　玉	女	1988	大学本科	天津商业大学	2012	金融财会
何振生	男	1992	大学专科	天津市警官学校	2012	网络

续表 42

姓名	性别	出生	学历	学校	毕业时间	专业
刘俊华	男	1977	硕士研究生	天津市委党校	2012	商务代理法律
刘俊利	男	1975	硕士研究生	天津市委党校	2013	党政管理
左 影	女	1979	大学本科	天津医科大学	2013	临床医学
兰彦娟	女	1991	大学专科	天津渤海职业技术学院	2013	电气自动化
杨 澜	女	1993	大学专科	北京工商学院	2013	管理
朱 莹	女	1975	大学本科	电大	2014	新闻
马 叶	女	1990	大学专科	天津医学专科学院	2014	医学护理
孙健平	女	1985	硕士研究生	天津南开大学	2014	工商管理
孙俊茹	女	1967	硕士研究生	中央党校	2015	科学社会主义
张文雯	女	1991	大学本科	天津财经大学	2015	会计

说明：此表不含表 41 中人

第五节 成人教育

1952 年，为扫除文盲，提高人民群众文化水平，村里成立夜校。夜校以识字为主，乡政府设专职干部负责扫盲教育工作。扫盲后，大部分学员达到小学文化水平。20 世纪 70 年代，大队组织社员进行了政治和技术培训。80 年代，特别是改革开放后，各项事业和经济建设快速发展，集体和民营企业如雨后春笋般蓬勃兴起，农业向优质、高效、绿色、快速发展，各行业都需要大批有文化、高素质专业人才。为此，各级政府加大对成人教育的培训力度。1986 年，镇成人学校建成，开办中专、大专学历班，同时举办种植、养殖、林果、电工、特种行业、会计等专业技术培训班，提高农民的文化水平和专业技术水平。1992 年，南河镇开始实行“绿色证书”和农民技术职称评定工作，经过培训发给绿色、蓝色、红色证书。到 2015 年，全村通过职业教育并取得中专证书 26 人。

1987 年 11 月 24 日，全国人大通过了《中华人民共和国村民委员会组织法（试行）》。1989 年，天津市开始进行依法选举村民委员会工作，同时对新当选的村委会成员进行岗前培训，主要学习中国特色社会主义理论、党在农村各项方针政策、党的基础知识、社会主义市场经济知识、法律知识、基层领导人的责任和义务等，提高他们带领群众发展经济、建设社会主义新农村的本领，增强民主意识和法制观念，提高依法办事能力。经考试合格后，由天津市委组织部和市农工委颁发任职资格证书，做到持证上岗。到 2015 年，有 8 人获得任职资格证书。

潘楼村委岗前培训学历名单

表 43

姓名	性别	出生	学历	学校	毕业时间	专业
何俊起	男	1968	大学专科	成人教育	1998	经济管理经济师
李玉云	男	1953	大学专科	成人教育	1997	企业管理经济管理
李玉起	男	1957	大学专科	成人教育	1997	经济管理
孙广江	男	1969	大学专科	成人教育	2004	企业管理
张志军	男	1964	大学专科	成人教育	2007	企业管理
李铁刚	男	1968	大学专科	成人教育	2007	企业管理
李德顺	男	1970	大学专科	成人教育	2007	企业管理
李玉清	男	1960	大学专科	成人教育	2007	企业管理

潘楼村获得特种行业资格证名单

表 44

姓名	资格证	发证机关	姓名	资格证	发证机关
高云茂	电工	区电业局	高云起	电气焊	区劳动局
孙广月	电工	区电业局	高云来	锅炉工	区劳动局
李玉柱	电工	区电业局	孙广海	锅炉工	区劳动局
高云起	电工	区电业局	李玉彩	锅炉工	区劳动局
李玉强	电工	区电业局	孙德柱	锅炉工	区劳动局
高云根	电工	区电业局	于艳荣	会计	和平区职工中等职业学校
华玉宾	电工	区电业局	张全利	会计	和平区职工中等职业学校
华锡强	电工	区电业局	刘玉强	会计	和平区职工中等职业学校
高云彩	电工	区电业局	赵秋霞	会计	和平区职工中等职业学校
李　斌	电工	区电业局	王丽香	会计	和平区职工中等职业学校
张万华	电气焊	区劳动局	张文才	会计	和平区职工中等职业学校
李玉邦	电气焊	区劳动局	郭绍莉	会计	和平区职工中等职业学校
刘长明	电气焊	区劳动局	杨树英	会计	和平区职工中等职业学校

第十一章　医疗卫生

1964 年前，潘楼村没有医生，村民生病都要从外村请医生看病，或出村到卫生院、市里医院去看病，很不方便。1964 年，村里成立了红医站才解决了村民看小病不出村的问题。1969 年后，有了合作医疗制度，又解决了村民大病返贫的困境。2005 年，实行新型合作医疗，当年全村参加合作医疗人数达到 91%。自 2010 年起，全村参加城乡居民医疗保险率达 100%。

第一节　医疗机构

一、联合诊所

1949 年前，村内缺医少药，医疗条件差，老百姓生病都是到刘庄请老先生（左玉烛）到家中看病，或请华庄子华老先生（华桂兰）看病；如果是生疮病，就请大南河方三先生、房庄子刘大夫（刘家隆）到村中看病；再重的病，那就是去天津市医院，人抬着去或用牛车拉去。如果家中没有太多钱，可就没有办法了，常常贻误治疗。也有请方士求神拜佛的，很多人贻误治疗而死亡。

新中国成立初期，郭村乡政府将各村单独行医人组织起来建立联合诊所。1956 年，成立了郭村乡卫生所。20 世纪 70 年代，形成了区级医院、公社（乡）卫生院、村级红医站三级联网，做到了小病不出村，大病不出乡。

二、红医站

1964 年，西郊区卫生局办中西医结合医疗学习班，历时 8 个月，村里派张文才去学习，并建立村红医站。红医站大夫被称为“赤脚医生”，村里红医站的医生先后有张文才、高云凤、张玉凤、张秀香、祝佩华、靳文芝。自从村里有了红医站，村民身体状况和卫生状况都有了很大的改善，有点小病不出村就可以医治，孩子们不出村就可以打预防针。同时红医站的大夫还向村民宣传预防疾病知识，村红医站为村民身体健康做出了很大贡献。

建红医站前村里有义务接生员。1968 年前，接生员是张维华的母亲，叫王秀英。他老人家德高望重，全村尊称她为“张三奶奶”，老人、大人、小孩都对她如此称呼。后来张三奶奶年岁大了，换成刘长青的母亲，叫郝秀兰。1968—1988 年，全村出生的小孩都是她老人家接生，受到村民们的尊敬。1989 年后，孕妇都去医院生产，村接生员也就不再接生。

第二节　合作医疗

一、初期合作医疗

1969 年，开始实施合作医疗制度，具体办法是：参加合作医疗的社员，每人每年交纳基金 3 ~ 5 元，由大队统一掌握，社员看病花费大队负担 70%、个人负担 30%。在公社卫生院或区、市级医院就医的医药费，由公社报销 50%，大队报销 20%，个人负担 30%。合作医疗制度基本解决了社员因病致困、因病致贫难题。1982 年年底，联产承包责任制后合作医疗停止。

二、新型合作医疗

2005 年，为全面落实《中共中央国务院关于进一步加强在村卫生工作的决定》，由政府组织，个人、集体、政府多方筹资，建立了以大病为主统筹农民医疗制度，规定参加新型合作医疗制度的农民每年按人均 15 ~ 24 元给予补助，地方财政每年每人补助不低于 10 元。

2005 年 7 月至 2006 年 6 月为合作医疗的第一个周期年。在第一个周期年中，资金投入比例为农民每人每年投入 30 元、镇财政对农民每人每年投入 20 元、区财政每人每年投入 40 元、市财政每人每年投入 10 元，合计农民每年每人投入 100 元。

2005 年全村人口 856 人，参加合作医疗 781 人，低保人数 8 人，参合人数比率 91%，个人参合金额 23430 元，街镇承担 15620 元，合计 39050 元。

2005 年潘楼村村民参加合作医疗汇总表

表 45　　单位：元

人数	参加合作医疗人数		合作医疗金额		收资金	
	参合数	低保数	个人数	镇承担	合计	%
856	781	10	23430	15620	39050	91

2006 年 7 月至 2010 年为第二个周期。第二周期中，个人投入 30 元、乡镇投入 40 元、区财政投入 60 元、市财政投入 20 元，合计农民每人每年投入 150 元。

自 2000 年开始，从新型农村合作医疗制度过渡为城乡居民基本医疗保险制度，每人一卡，个人担负部分由村委会交纳，参加人员达到 100%。

第三节　预防接种和传染病管理

一、预防接种

新中国成立前，水痘、麻疹、天花及不知名的各种流行病、传染病经常流行，直接威胁着人民群众生命和身体健康，但无药可医。

新中国成立后，从 1950 年起，乡政府建立联合诊所，负责潘楼村所在地区防疫工作。1964 年，村里建立红医站，对传染病预防进行普及，由区、公社、村三级联防管理。1965 年以来，麻疹病毒疫苗、脊髓灰质糖丸疫苗、流行性乙脑疫苗陆续为村儿童接种，降低了传染病的发病率。1979 年后，疫苗由每年接种两次改为四次，并实行了手册管理，预防接种向科学化、规范化目标发展。

1985 年，开展计划免疫月接种，实施脊髓灰质丸糖丸疫苗、麻疹苗、白癜风、百日咳、破伤风、结核病“六病”疫苗接种。1990年以来，村内儿童“六苗”接种率年均达到99%以上。1994年，开展了甲肝疫苗接种工作。

二、传染病管理

新中国成立前，流行于村内的传染病有天花、霍乱、伤风、疟疾、肝炎、乙型脑炎、脊髓灰质炎。由于医疗条件差，管理不严密，传染病传播快、死亡率高。1939年，潘楼村所在地区洪水暴发，大水过后瘟疫流行，村内死亡多人。

新中国成立后，人民政府对传染病管理非常重视。1953年，天津市人民政府发布了暂行办法；1980年，天津市人民政府颁布了天津市传染病管理条例细则，村内卫生所发现传染病患者及时填写传染病报告卡片，并报送区防疫站。

为提高农民健康水平，从2000年开始村里定期为村民安排免费体检。自2012年，村里对60岁以上老年人和高血压、糖尿病病人每年安排两次免费体检。

第四节　爱国卫生

一、环境卫生

1958年，村里全是土坯房，环境卫生都很差，夏天到处是苍蝇、蚊子。1958年，全民行动消灭四害（老鼠、苍蝇、蚊子、麻雀）。从学校学生到公社社员，全民参加灭四害运动，人人有指标。除四害运动后，村里卫生环境有很大改善。1986年，镇里统一发放老鼠药，消灭老鼠、消灭苍蝇。自1985年开始，村内建立清洗队，负责全村卫生清扫。2004年，西青区开展创卫活动，潘楼村所有的厕所进行改造，街道内连一张废纸片都看不见。2006年9月20日，潘馨园小区建成，大部分村民于2007年搬迁进楼房。自2007年起，小区环境卫生由村里专人负责，各个楼门口有垃圾桶，还有镇里清理专车每天到小区清理。2013年开始，潘馨园小区卫生由盛华物业专业卫生人员负责。

二、饮水卫生

新中国成立前，生活用水主要是井水，井水苦咸。如遇大旱年头饮水困难，也不卫生。为解决群众吃水问题，1974 年村里打第一眼水泥管的 300 余米机井，改善了群众的饮水条件。1976 年唐山大地震，震坏了机井，老百姓吃水又有了困难，村里在村北边打了三个 6 米左右深的压把井，水质较好。1978 年，村里又投资 4 万余元，打了第一眼深 361 米钢管井。1983 年 10 月，无塔自来水安装工程竣工，全村各户都用上了入户自来水。2002 年 8 月，村里第二眼机井完工，井深 590 米，全钢管，接入各户自来水管。2007 年进入潘馨园小区后，从天津工业大学接上天津市自来水公司的管道，村民用上了和市民一样标准的自来水。

第十二章　文化　体育

新中国成立前，农民过着艰苦的日子，文化和体育运动开展极少，少年儿童跳绳、跳房子，老年人用砖块斗顶。新中国成立后，各级党和政府特别重视人民群众的文化、体育运动，开展农民运动会，村里成立了文艺宣传队、舞蹈队，并多次参加镇区举办的文体活动，村舞蹈队还参加区、市级举行的比赛。

第一节　文化娱乐

一、文艺团体

新中国成立前，潘楼村法鼓会演奏《关公辞曹》《张公赶子》等。新中国成立后，演奏《南泥湾》《八路军》《独立营》等。1951 年，潘楼村与郭村、刘庄一起成立秧歌会，领队为董金章。1968 年，村成立文艺宣传队，演出对口词、三句半、唱歌等。2008 年，村成立秧歌队、扇子舞队，参加镇区演出，队长为王俊凤、张纯云。

2015 年 5 月，由田树梅发起组建了中青年舞蹈队伍，叫做“精舞飞扬舞蹈队”，田树梅任队长及教练，队员开始主跳快节奏舞蹈。2015 年 6 月，年龄较大的村民成立“潘馨园快乐舞队”，韩秀红任队长。

精舞飞扬舞蹈队奖杯（2015 年 7 月）

2015 年 9 月精舞飞扬舞蹈队曾两次参加天津电视台举办的广场舞大赛，还多次参加市、区组织的舞蹈大赛，曾经获得西青区舞蹈大赛一等奖、天津市妇女健身舞蹈大赛一等奖，并获得天津市舞蹈大赛最佳魅力奖、精武最佳魅力奖。

潘馨园快乐舞队在 2015 年成功进入天津电视台广场舞比赛的复赛。

潘馨园快乐舞蹈队在天津电视台表演（2015 年 9 月）

两个队都多次参加精武镇组织的春节期间表演。

村民李德喜苦练抖空竹十几年，由于村里参加抖空竹人少，就联合其他村抖空人一起组织了“东方空竹队”，他们每天坚持在精武公园练习，李德喜一人可同时抖十三个空竹，成为天津抖空竹第一人，其他队员也有各种绝活。东方空竹队受邀参加过山东省济南市的抖空竹表演、河北省电视台组织的在保定市开展的抖空竹表演赛、天津电视台组织的抖空竹表演，并获得多个奖项。

富裕起来的农民每天吃完晚饭在楼群里跳舞、踢毽子、打篮球、踢足球，各种健身器材都有人锻炼，还有三五成群人在散步、弹电子琴、拉二胡、吹葫芦丝，村民的生活越来越好。

二、电影

潘楼村电影放映时间较邻村较晚。1958 年开始，村民都到郭村、付村等村去看电影。1961 年后，和平区电影放映队下乡巡回放映露天电影，观众需购票进场，大队很少组织放映。1970 年后，大队曾请西郊区放映队到村里放映《红日》《李双双》《我们村的年轻人》《青松岭》等影片，由大队付款，每场 30 元左右。1975 年，付村公社成立了电影放映队，电影开始普及各村，但由于放映电影时容易发生打架斗殴事件，又因大队购买了电视机，晚上社员们可以集中观看电视，以至于很少放映电影。1976 年，放映电影《春苗》后，很长一段时间没组织放映电影。2006 年，村民搬到潘馨园小区后，精武镇文化站于 2012 年到村放映电影《举起手来》，之后至 2015 年没有放映电影。

三、电视

1971年，村里购买了第一台黑白电视机，放在官房院由专人负责供社员观看。电视普及后，1988年大队安装卫星接收器，转播电视节目。1991年，安装闭路电视；1996年，实现全区电视联网。

四、图书

村图书室建于1994年。图书室也叫“农家书屋”，供村民阅读。2010年后，按照区、镇文化部门的要求，统一建立农民文化活动中心，潘楼村图书室由村团支部管理，有专职的图书管理员负责借阅、登记和日常管理。图书室共有藏书4000余册，种类涉及政治、军事、农业、科技、历史、地理、金融、文学等门类，2008年曾被评为“先进图书室”。

五、报纸

《天津日报》南河发行站建于1989年1月，村民订阅报纸由发行站投递入户。截至2015年，潘馨园小区仍有50余户村民订阅报纸，种类有《天津日报》《城市快报》《渤海早报》《每日新报》《今晚报》《老年时报》等。

第二节　体　育

一、群众体育

新中国成立前，民间体育活动有弹球、捉迷藏、投料头、打抬、滚铁环、坎高香、抖空竹、撞拐、砸核桃、拧棍、拔萝卜、摔跤、跳房子、踢毽子、跳皮筋、跳绳、拾子等。

新中国成立后，尤其是改革开放后，落实政府《全民健身计划纲要》，开展体育运动，并纳入《精神文明建设规划》。潘楼村开展多项体育活动，参加镇政府举办的历届农民运动会，并多次获奖。20世纪90年代，潘楼村大力发展群众体育事业，为培养体育人才，腾出部分土地修建足球场，村青少年足球队经常与周边村庄、企业、学校进行足球友谊比赛。进入21世纪，潘楼村进行城镇化建设的同时，在村民住宅小区建篮球场。2008年，潘楼村获镇农民运动会第8名。2009年，镇政府授予潘楼村精神文明先进单位称号。2010年，村获得第十二届农民运动会第5名。2011年，村获得第十三届农民运动会第5名。

2007年，西青区开展“路径工程”，在潘楼村潘馨园小区广场安装各种体育健身器材。2015年，潘馨园小区又增添各种体育健身设施，方便了村民健身运动。

二、太极活动

进入21世纪，精武镇为活跃各村和社区文体活动，出资聘请霍元甲文武学校老师到各村和社区教授太极拳，其中有健身气功“八段锦”、太极拳“八式”“十六式”入门功夫、“三十二式”太极剑、“太极扇”。霍元甲文武学校的雷教练每星期到潘楼村教授一次，潘楼村村民踊跃参加练习，常年参加练习的有20余人。他们还参加了西青区精武镇武术进社区汇报表演。

潘楼村潘馨园快乐舞蹈队（2015年9月）

第十三章　民　情

新中国成立前，穷人缺吃少穿，婚丧嫁娶行老一套。新中国成立后，人民生活大大提高，吃穿不愁，提倡移风易俗，破除迷信，婚丧嫁娶新事新办，妇女当家做主，婚姻自主，实行计划生育。

第一节 生活方式

一、穿戴

（一）服装

民国以前，村民的服装色调以蓝、黑为主，年轻妇女有穿红色。平民多数穿棉布裤褂的短打扮，妇女有穿旗袍，有钱的人家有穿绸缎的。新中国成立后，服装款式有些改进，有列宁装、中山装，妇女有穿裙子的。改革开放后，服装款式和颜色也多种多样，如穿制服、西装、连衣裙、短裙、健美裤、牛仔裤、羽绒服、呢子大衣、皮料上衣裤、毛料上衣裤等，丰富多彩。

（二）鞋袜

新中国成立前，男女多穿布鞋，以家做为主。有二道眉、有靴头。缠足妇女穿尖头布鞋，有绣花鞋、花布鞋。冬天穿毛毡窝、骆驼鞍棉鞋。还有穿草鞋的。袜子以土布缝制，有的人也买些线袜。新中国成立后，鞋的种类多样，有球鞋、皮鞋、布鞋。袜子有尼龙袜、布袜、绒袜等。改革开放后，鞋的款式和材质更多，皮鞋、运动鞋、布鞋等花样不断翻新；长、短袜子不断变化。

（三）帽子

民国期间，少数富家子弟及一些上层人士戴礼帽，一般农民戴瓜皮帽，俗称“帽衬儿”，老人为黑色，少年多为红色。冬天帽子是毡头帽。新中国成立初，男的戴圆顶帽、八角帽，女的是罩线头巾。之后陆续有军帽、旅游帽、运动帽、礼帽、贝雷帽等，材质多样。女的还有方巾、长巾等，材质不同。

二、发型

民国时期，男子一般剃光头，有的留马齐盖。女的已婚的挽发髻、插簪子、戴耳环。少女留长辫子，扎头绳（毛线）。儿童剃头留桃，后边留小尾巴。新中国成立初，女的留短发，男的留平头、分头。改革开放后，女的有烫头的、梳辫子的、超短发的，男的留平头、分头、背头、烫发的。男女发型都讲究个性化。

三、饮食

（一）主食

新中国成立前，潘楼村粮食种植以高粱、玉米、谷子、麦子、糜子、黍子为主，主食一般吃窝头、饽饽、馅团子，有玉米面、白高粱面。有时打锅饼（玉米面葱花）、发糕。过年时能吃上馒头、饺子、饼、卷子、包子，平时很少吃白面。招待客人时，吃大饼炒鸡蛋。稀的以玉米粥、菜汤、山芋粥为主。1955 年后，以种植水稻、玉米、麦子为主，主食以玉米面、白面、大米为主。

（二）副食

新中国成立前，潘楼村蔬菜种植白菜、白萝卜、红萝卜、土豆、豆角、菜花、茄子、山芋、茅子姜、地里环、芥菜。家家腌咸菜，有芥菜、萝卜、白菜，酱腌咸蒜、醋腌腊八蒜等。每逢春节，几家合伙杀猪过年。合作社成立后，种植作物多了西红柿、生菜、蒜薹、油菜、辣椒、卷心菜、洋葱、菜花、芹菜等，养殖有养鱼、养鸡、养鸭、养猪等。改革开放后，村民餐桌上的副食日益丰富，鱼类、肉类、蛋类成为家常便饭。

（三）饮品

1970 年前，农民多数饮白水，招待客人是茶水。饮酒是白酒，过年摆些葡萄酒。儿童改善口味喝白糖水，偶尔有汽水。1970 年后，特别是改革开放后，饮品种类越来越多，酒类有白酒、红酒、啤酒等，饮料有果蔬类、乳类、功能类等，琳琅满目。

四、住宅

旧时农舍以土坯房为主。一般以三间或两间为一个院，坐北朝南，有东西厢房或南房，配房均比正房低，外间为锅灶，东西为里间，有大炕。屋内陈设简陋，一般有大柜、条案、八仙桌子。

新中国成立前，建房前破土动工必须选择吉日，然后烧黄钱告土地神，有的请阴阳宅先生看风水，建房必须挂红和弓以驱邪祟。施工期内忌妇女，尤其忌寡妇踏入房基地。为防人暗下镇物，主人昼夜不离不弃。安门窗和上梁时，要在门框上贴安门大吉，上中檩要贴有八卦阴阳鱼，两鱼一圆约四寸，阳鱼在南，头东尾西，阴鱼居北，头西尾东。圆周外画“六爻”组成的八卦方位，即乾、坎、艮、震、巽、离、坤、兑（红纸画成）。阴阳鱼红纸两侧分别绑上一双筷子；阴阳鱼中心钉上一枚铜钱，铜钱上系上红头绳，串起七枚铜钱；阴阳鱼东贴上联“八卦默伏天地理”，西贴下联“六爻搜空鬼神机”。上梁时，阴阳鱼朝下，红布包好，里面放四毛或八毛钱，还有糖。东西分两组上把子，先接近红布者为先，取下红布，拿上喜糖、喜钱，红布拿回去做兜兜，保佑小孩一生平安。

1950 年后，上梁时贴“上梁大吉”。上梁如遇雨天，为雨浇梁，视为吉兆。房上盖后，主人找一位全活人妇女带儿童一男一女，摆上饺子、苹果、糖果等围堂室转三圈。

新中国成立后，农民建房都用助工，一家盖房大家都帮忙，没有报酬，有条件的以饭相待，贫苦户只以茶水相待。

1970 年后，新建房以砖木结构取代土木结构，房屋样式也有很大变化，有五檩、七檩，有前廊式，有拐子房。门窗宽大明亮，采光通风性能好。房内有水磨石、瓷砖铺地，大门多是铁门，新式组合家具、沙发、软床、液化气灶、各种电器日趋普及。

五、出行

旧时农民出行以步行为主，赶集或上卫（天津市）走亲访友所携物品均手提肩扛，或挑担，或用小车推拉，有牲畜的人家用其驮货，有的背上褡裢放钱和货物。农民上卫卖菜、卖瓜都是担着去，遇上闹水，上卫坐船，冬天撑拖撑。1950 年后，少数人开始用自行车出行。运货物用大车，也有用木轮车、胶轮车。1970 年后，自行车普及，机动车使用量大幅度增加。自行车有公主车、山地车、跑车等，还有摩托车。1990 年后，出行有出租车，自家购置小轿车逐渐增加，出行更加方便快捷。

1970 年，公共汽车郊线 7 路由八里台到小卞庄，在津涞公路设付村站，当年又开通了郊线 12 路由八里台到西琉城。潘楼村村民可享用。自天津工业大学和天津师范大学建成后，师大站 963 路、849 路、951 路、968 路四条公交线路，工业大学站 871 路、650 路、687 路三条公交线路为村民出行提供了便利。2014 年 5 月 1 日，687 路延长到工业区，在潘馨园小区边设有站，还有接泊地铁站的 620 路、311 路经过。

地铁三号线 2012 年 10 月通车，设立大学城站，村民出行更加方便。坐 650 路公共汽车到天津站用 1 小时 20 分钟，乘坐地铁从工业大学到天津站仅用 29 分钟。

六、互助风气

新中国成立后，潘楼村村民逐步形成了互帮互助的好风气，只要有人家盖房，其他村民都去做助工（义务帮忙），帮助垫地基、脱坯、起房。后来生活好转，盖起砖房，有的户为了省钱，兴起自己烧砖，很多人也抢着去帮忙。互帮互助的好风气也体现在村里办红白喜事上，良好风气延续至今。

第二节　节令习俗

一、节气习俗

立春　吃青萝卜称“咬春”，主食为烙饼。

清明　清明节前一天或两日祭祖扫墓，烧纸添坟土，供香烛祭品以悼念故人。实行火葬后，禁止修建坟冢，延续习俗烧纸悼念。

数伏　历有头伏饺子二伏面之说。头伏出嫁女儿要回娘家躲伏，吃饺子。

立秋　次日大人、孩子都要吃些瓜类，名为“咬秋”。还要包肉馅饺子，称为“贴肥秋”，喻示“秋后好收成，五谷丰登”。

二、农历习俗

正月初一　俗称“大年初一”。这一天早早起床吃“三十”年夜包的饺子、放鞭炮。饭后穿新衣服、戴新帽，三五成群去拜年。先拜祖宗，接着拜本家至亲，然后走访邻居街坊。拜访到谁家都有糖果、水果、瓜子、茶水招待，互相问候，小孩还可得到长辈给的“压岁钱”。家中若有人去世，两年不拜年，关门避人。有过节儿的见面相互对拜后就表示不计前嫌重归于好。

正月初二　进柴（财）进水。夜间 12 点刚过就有人去担水、抱柴、放鞭炮接财神，意味财源滚滚来。

正月初三　初三的饸子往家转。初三吃饸子，表示家庭美好、和和美美。

正月初五　俗称“破五”。天未亮时家庭主妇就要起床剁馅包饺子，寓意剁“小人”、捏“小人”嘴。

正月十五　元宵节。家家准备上好的膳食庆贺，吃元宵、吃饺子。儿童打灯笼、青壮年赶花会，非常热闹。

正月二十五　俗称“填仓”。太阳出来时在院内用草木灰画个圆形，里面放些杂粮和钱币用砖压住，代表来年粮食满囤、财源滚滚来。家家都发面蒸刺猬、老鼠之类面食，代表好日子。

二月初二　俗称“龙抬头”。多数人此日理发，这天不许使用针，以防扎龙眼，主食烙饼、煎焖子。

五月初五　端午节、“五月节”。从五月初一开始人们就在门口挂艾蒲，要用红布系好，有的用红布或红纸剪葫芦称作辟邪。食俗煮鸡蛋、粽子。儿童衣服的肩上或背上配有小老虎坠，有的衣服上绣有五毒。相传五月节的露水能治眼病。这天也是纪念屈原的日子。

七月十五　俗称鬼节。七月十五有号丧之说，人们都要上坟烧纸哭祭死去的亲人。

八月十五　中秋节，家家烙糖饼、吃月饼。亲友之间走访送月饼、水果之类，祝贺全家团团圆圆。夜间外出赏月。

九月初九　重阳节，也称登高节。1989 年由国务院定为老人节，人们逐渐重视起来。

十月初一　“十月初一送寒衣”。因为天气转凉，家家用黄纸糊衣服焚烧祭奠亡灵。

腊月初八　又称“腊八节”。早饭吃小米、大米、红枣、豆类八种粮食煮成的八宝粥，多数人家用醋泡蒜做“腊八蒜”。居民从此日起清扫房屋、擦玻璃，名为“扫房”。

腊月二十三　俗称“小年”。二十三灶王爷上天是家家祭灶供奉灶王爷的日子，家家摆糕点、糖瓜祭祀，意思是“灶王爷上天言好事，回宫降吉祥”，意在平安。现在已不太被重视，一般人家只蒸年糕，叫二十三年糕粘。

大年三十　是辞旧迎新的日子。家家户户焕然一新，贴对联、贴吊钱、贴窗花，处处吉言吉语、祥气盎然。早饭要蒸包子以示把一年烦心的事全部包走。晚上要摆一桌丰盛的晚餐，全家团圆庆贺辞旧迎新。晚饭后，焚香烛、包饺子迎接午夜子时全神下界，吃素饺子祈盼一年素素静静。叩拜神灵后将供奉的“全神”焚烧，俗称“发大纸”，家家放鞭炮，辞旧迎新。除夕夜的饺子要留些给出嫁的女儿。

第三节　忌　俗

一、节日

除夕包饺子期间，忌说“够了”“行了”“少了”“完了”等词语；已婚妇女忌在午夜串门、借东西、看到娘家灯。已婚妇女忌正月初五、十五、立春在娘家过。正月期间忌理发、做鞋、买鞋。

二、礼仪

下午或晚上忌看病人。忌斟水时壶角对着客人。

三、生育

忌孕妇在娘家生产，否则其夫需耕一块地。忌产妇与别家婴儿百日相见。忌自然流产、人工流产未满月的妇女串门。

四、婚嫁

忌正月提亲。忌属相犯者成亲，忌同岁未过百日成亲。忌新婚被褥不是“全活人”（父母公婆儿女双全）做。忌孕妇接亲、送亲。忌家庭中一年里一嫁一娶，应先娶后嫁。忌迎亲车同一条路回来。忌寡妇进别人的洞房。

五、丧葬

忌丧事百日内吃面条。忌服孝者进邻家串门。忌死者停床时两脚蹬空。忌孕妇进坟地送葬。忌丧亲三年内贴对联。

六、饮食

忌中药渣倒入粪坑，应倒在路中央由众人踩来踩去。忌主动归还药锅。忌煎中药时抽烟。忌已婚妇女吃娘家腊八饭。忌两个人吃一个梨。

七、其他

忌大门口对窗户或门前水坑。忌门对着房山、沟眼、烟筒。忌炕过中檩。

第四节 方言俗语

潘楼村地处天津老城西南，属汉语北方方言、汉语北方语音，具体为天津语音。

一、方言土语

（一）称谓

太爷——曾祖父

老太太——曾祖母

老娘婆——接生员

人家——别人

姨子——妻子的姐妹

老丈人——岳父

丈母娘——岳母

舅子——妻子的兄弟

老娘们儿——指已婚妇女

老爷们儿——指已婚男子

大伯、大大——比父亲年长的同辈男子

大娘——大伯的妻子

婶——叔母

一担子挑儿——连襟

闺女——女儿

姑爷——女婿

白眼儿——女儿的子女

（二）方言

崴了——坏了，糟糕的意思

来彩儿——好，带劲的意思

搭罐儿——被开除、解聘

臭油——沥青

早半晌儿——上午

晌火头儿——中午

晚半晌儿——下午

知了——蝉

夜末虎（儿）——蝙蝠

巴夹子——刺蛾

钱串子——千足虫

腻虫——蚜虫

狗虫——跳蚤

癞蛤蟆——蟾蜍

蛤蟆——青蛙

刀螂——螳螂

拉拉蛄——蝼蛄

米蝇——蚂蚁

老喝——蜻蜓

家贼——麻雀

蚂皮——水蛭、蚂蟥

过处——行为、语言的错误

没治了——太好了

夹子——胳膊

撞丧——形容到处乱闯

闹天——刮风，下雨雪

邻舍家——邻居

出门子——出嫁

走道——改嫁

过舌——两面传一些无益的话

逗闷子——赌气

邪乎——离奇

提了心——不放心、担心

矫情——语言上不甘认输

二、谚语

（一）气象时令

一场秋雨一场凉，十场秋雨一场霜。

七月十五定旱涝，八月十五定收成。

燕子高飞晴天告，展翅低飞雨天报。

蜻蜓低飞坑塘边，必有大雨雷闪电。

蚂蚁搬家蛇过道，倾盆大雨即将到。

蜜蜂早出晚归巢，天气有变雨将到。

蜘蛛高挂忙作网，连日久雨转晴朗。

蚂蟥浮面天将雨，蚂蟥沉底天晴好。

鸡早进窝天必晴，鸡晚进笼天必雨。

池塘翻水鱼浮面，暴雨洪水现眼前。

早晚烟扑地，苍天有雨意。

早看东南，晚看西北。

二八月，乱穿衣。

二八月，勒马等道。

二八月，地箩筛。

惊蛰地气通。

立了秋，把扇丢。

处暑寒来换金风。

白露透垛风。

九九歌：一九二九，不出手。三九四九，冰上走。五九六九，沿河看柳。七九河开，八九雁来。九九加一九，耕牛遍地走。

（二）农事

种地不上粪，等于瞎胡混。

人误地一时，地误人一年。

人勤地生宝，人懒地生草。

谷雨前后，种瓜种豆。

立夏麦呲牙，芒种见麦茬。

麦子黄了稍，饿得弯了腰。

头伏萝卜，二伏菜，三伏种荞麦。

立秋双荚豆，十年九不收。

白露早，寒露迟，秋分种麦正当时。

寒露的麦子撂倒披，霜降的麦子刚钻锥儿。

立冬不除菜，冻了你别怪。

秋天猫猫腰，累死冬天转三遭。

三、歌谣

（一）童谣

1. 小小子坐门墩，哭着喊着要媳妇，要媳妇干吗？点灯说话，吹灯作伴，明儿早晨起来梳小辫。

2. 踩呀踩呀踩藕哇，踩了一筐两篓哇，再踩一筐家走哇，收拾收拾没有了。

3. 小板凳三条腿儿，我给奶奶嗑瓜子儿，奶奶嫌我脏，我给奶奶做面汤。

4. 大娘大娘水开了，把我脚豆烫歪了，歪的歪，斜的斜，过年不能穿皮鞋。

5. 糖瓜祭灶，新年来到，闺女要花，小子要炮，老婆要副裹脚条，老头要顶新毡帽。

6. 打箩箩又箩箩，收了麦子请婆婆，请到婆婆哪儿坐，炕头上坐，丝糕黏糕一大垛，美得婆婆笑呵呵。

7. 小老鼠上灯台，偷油吃下不来，喵喵喵猫来了，叽里咕噜滚下来。

（二）民谣

催眠曲

哦哦哦，睡觉吧，狼来了虎来了，老和尚背着鼓来了。哪里藏，庙里藏，一藏藏出个小二郎。二郎二郎你看家，我上南洼拾棉花。

第十四章　人　物

新中国成立前，中华民族受尽了外来侵略和地主资本家的剥削，中国人民在中国共产党领导下与日本侵略者、国民党反动派进行了殊死斗争。潘楼村有 8 位热血男儿参加了抗日战争、解放战争、抗美援朝战争。其中有 3 位壮烈牺牲，5 位载誉而归。5 位中的吴少堂，原是潘楼村人，退伍后与其母定居西营门街王顶堤村；刘润福，原宝坻县人，以理发为生落户潘楼村，后迁居天津市区。二人在其他志书中记述，本村志不再记述。

第一节　人物传

孙广禄（1923—1944） 潘楼村人。1944 年春节过后，潘楼村里来了八路军回民支队宣传队，在村里宣传抗日活动，地点设在高振贤房西一处空地。八路军回民支队宣讲抗日的道理，并号召有志青年参加抗日队伍。孙广禄积极报名参加了八路军回民支队。回家与家里人辞行后起程赶往河北省盐山孟村镇部队驻地。途中遭遇日军飞机轰炸，孙广禄当场壮烈牺牲。新中国成立后，孙广禄被认定为革命烈士。

孙广禄革命烈士证明书

刘其贵（1926—1948） 潘楼村人。刘其贵自幼在家上学。1943 年，他参加了中共抗日队伍——津南支队。当时刘其贵虽然只有 17 岁，但他十分机智，津南支队负责人张镜将其留在身边，做通讯员，或叫警卫员。后经他多次申请到一线战斗部队，不久在津南游击队成为一名侦查员。1945 年，日本投降。1946—1947 年，天津南部建立了津郊区和津沽区，刘其贵所在津南游击队改名为津郊游击队，刘其贵任侦查班班长。1948 年 5 月，刘其贵带领几名战士去咸水沽一带执行任务，回来经过潮宗桥（今属静海区）附近时与国民党顽军相遇发生激战。由于敌我力量悬殊，刘其贵身负重伤，战友们将他抬到驻地，最终未能挽回其生命。他牺牲时年仅 22 岁。1951 年，天津市人民政府将刘其贵认定为革命烈士，其父母享受国家烈属待遇。

李金树（1927—1951） 潘楼村人。李金树自幼家中贫困，从 16 岁开始就外出打零工以补贴家用。1948 年，因为生活所迫与本村青年孙殿杰一起被国民党军征兵。1948 年 11 月 3 日，解放军部队开始攻打天津前，李金树所在国民党部队向解放军投诚，旋参加了中国人民解放军 38 军 339 团机二连。1950 年，李金树随 38 军进驻云南。朝鲜战争爆发，他由云南被急调辽宁，随中国人民解放军 38 军参加抗美援朝战争。1951 年 2 月 9 日，他在五八四高地战斗中壮烈牺牲。1951 年，被认定为革命烈士。长期以来，由于他的家庭地址误写成“天津市满楼区张窝管村”人，上级无法查找到他家，家中也一直没有得到他的消息。2008 年 11 月，河北省人李红旗找到了李金树家属，将李金树革命烈士家属证明书奉还给其亲属手中。

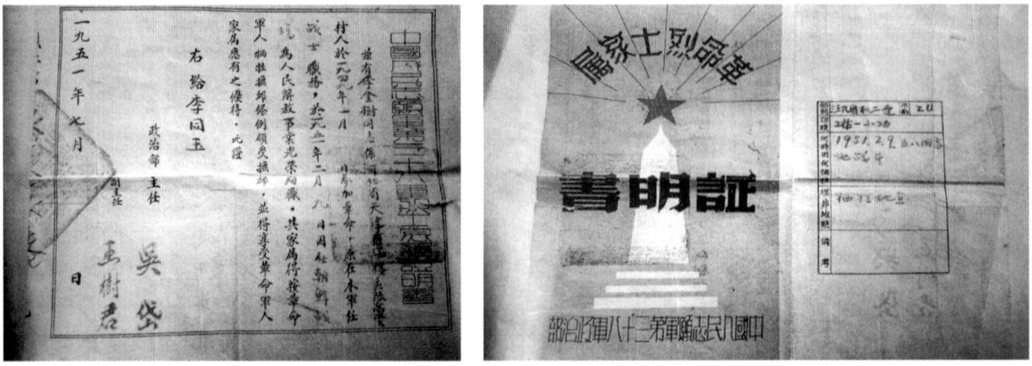

1951 年颁发给李金树家属的革命烈士家属证明书

董山（1901—1964） 潘楼村人。其自幼家庭贫困，青少年时期外出谋生。1953 年夏天，潘楼村里来了一位穿军装的军人，打听董怀春家在哪里。原来他就是董怀春的哥哥叫董山，复员回乡。他身着普通军装，左边手臂上四方牌写着“八路”两个字。从那时起，村中的大人、小孩都尊称董山为“老八路”。董山参军十几年，身体很多部位受过伤，并荣立战功。但他一直很低调，从不张扬。村里安排他在生产队喂牲口，当饲养员。董山一生始终保持着军人勤俭节约、艰苦奋斗本色。1964年，董山因病去世。

孙殿杰（1927—1987） 潘楼村人。孙殿杰从小在贫困中长大。1948年，孙殿杰和本村青年李金树一起在天津北郊被国民党军队招兵。天津战役开始前，孙殿杰所在的国民党部队接受了解放军的改编，经过整编和集训，正式加入了解放军第39军。朝鲜战争爆发后，孙殿杰随部队入朝参战，在1952年上甘岭最后一次战斗中，孙殿杰所在的九连奉命固守一座山头，此时孙殿杰负伤昏迷。待他苏醒时，美军已冲上阵地，他抄起手边机枪一阵扫射，将敌人全部打死。由于他伤势过重又晕了过去。战友们将他抬回战壕内，又将其送回国内治疗，并给他记三等功一次，颁发了军功章。孙殿杰被鉴定为三等甲级残废军人。1956年2月，孙殿杰转业到西郊区供销合作社工作，先后在张家窝供销社、小稍口供销社、大梁庄供销社担任经理职务。1987年12月，孙殿杰因病去世。

第二节 人物简介

高云亭 生于1930年，潘楼村人。1949年天津解放后，高云亭参加中国人民解放军。在武清县（今武清区）经过短暂军训后，高云亭随所在部队从河北省南征到广东省，最后将国民党残余兵力歼灭于海南岛。朝鲜战争爆发后，高云亭又随部队入朝参战。从事志愿军部队后勤供给工作。1953年9月，高云亭被调到工兵营，当了一名工兵战士。其间，荣立两次战功。

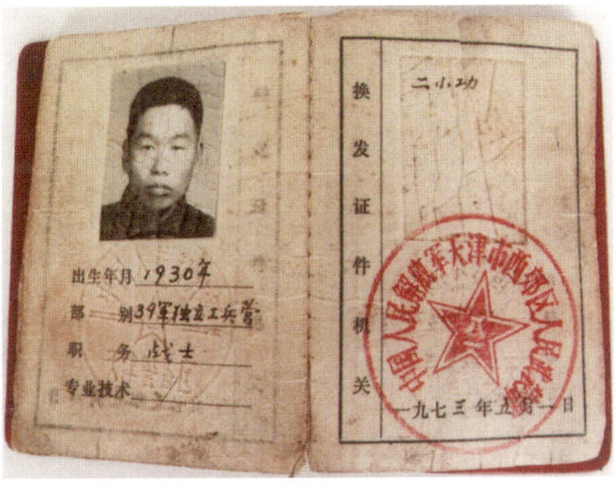

高云亭证件

1955年1月，高云亭复员回到潘楼村，在村中从事普通农业生产劳动。2004年，村里考虑到高云亭身体状况，将其送到南河镇养老院，后又转到养老条件较好的张家窝养老院，直至 2015 年仍在张家窝养老院颐养天年。

李德喜　生于 1961 年 11 月，潘楼村人。年轻时爱好体育活动，尤爱抖空竹。由于农村劳动时间所限，他没有更多的时间练习抖空竹。改革开放后，他又重操抖空竹活动，乃至到了着迷的程度。十余年来，李德喜抖空竹技艺越练越好，动作从简单到复杂，从抖 1 个空竹逐步增加到 13 个空竹。在天津市，他是抖空竹第一人。

2014 年，他将结识的空竹爱好者组成空竹队，称“精武空竹队”，队员每人手中皆有各样的绝技。2015 年，李德喜曾带领“精武空竹队”赴山东参加在济南举行的比赛。之后，“精武空竹队”名气越来越大，先后参加天津电视台、河北电视台组织的各项比赛，并获得多次集体奖。李德喜个人也多次获奖。

第三节　潘楼村籍在外人员职务表

此部分收录潘楼村籍在天津市就职的科级（含科级）以上职务人员。

潘楼村籍在外人员职务表

表 46

姓名	性别	工作单位	职务	备注
李金良	男	郭村乡	书记	病故
李金海	男	郭村乡	乡长	病故
李桂芬	女	乡信用社	主任	病故
刘长青	男	西青区水利局	党委副书记、纪检委书记、调研员	退休
刘玉柱	男	精武镇政府	武装部部长	—
孙俊茹	女	精武镇政府	副书记	—
刘俊利	男	精武镇派出所	教导员	—
刘俊华	男	西青区刑警大队	副大队长	—
魏凤光	男	西青区水利局	科长	退休
李玉其	男	长城电视机厂	科长	退休
孙健平	女	天津市商委	处长	—
高树新	男	武清区人才管理委员会	主任	—
张志友	男	天津市针织四厂	副厂长	退休
刘　静	女	李七庄文化广播电视服务中心	主任	—

附 录

佃户村

潘楼村自建村到解放，村民大多数是佃农，就是自家有几亩地的农户，也主要是租用地主家的地。1949 年前是张姓地主，张姓地主前面是魏姓地主，魏姓地主前面是赵姓地主，再往前就没有考证了。

从明朝建文年间（1399—1402）潘姓将军落户取名潘家楼村开始，皇帝特许他跑马圈地，他应该是潘楼村的第一个地主，以后一代一代地主是怎样传承下来，现已无从考察。到最近赵姓、张姓、魏姓如何交接专属权，也无从考察，但是传下来的佃户村是千真万确。

1949 年前，种地主的地，每年给地主交租，一般是种什么交什么。当年村里管财粮的先生姓魏，人们都叫他魏大疙瘩，地主基本不到村里来，平时都是魏先生和村民们打交道。

种地主地是三七分成，佃农七成。在庄稼成熟收割前，魏先生找佃农议租，议定收成。当时的计量单位是升、斗、石，十升一斗，十斗一石。一石基本上是一麻袋，大约 75 千克，因粮食的品种不同，重量也不一样。如租种十亩，每亩议定产量 8 斗，十亩就是 8 石，交给地主租粮是 2 石 4 斗。粮食要晒干扬净，统一交到官房院存放，用苇席做囤，把粮食倒在囤内存放。好年景，官房院三间大屋粮食装不下，多余的就拉到市里卖。地主在官房院存粮食也雇人看管。

1949 年后，佃农们种地就不再交租了。1951 年 11 月土地改革，将地主的土地全部分给佃农。1952 年二次土改以后，发给村民们土地证。农民有了自己的土地，彻底摆脱了 600 年受剥削的历史。

官房院

官房院是当年村中地主所建，也是村中唯一青砖房，共五间。西边一个独间，东边一个独间，中间三间两架柁。中间三间房是仓库，地主将收上来的粮食存于其中，两边独间可以住人看护粮食。粮食被拉走后，看护人撤出官房院。

新中国成立后，中间是三间改做小学校，东边独间改成村办公室。1964 年，西边独间成为红医站。1976 年，唐山大地震将官房院震坏，官房院被拆除。

官房院对于潘楼人来说非常有感情的。几百年来，官房院都是村中政治和文化、休闲娱乐中心。官房院中间有一棵大槐树，据老人们说，当年的官房院是村里最大的院落，又在村中间，村民休闲时没有阴凉地，就在院中栽了 5 棵国槐（距今有 150 年左右历史），1949 年只剩下三棵，后来就剩下中间一棵，这棵古槐见证了潘楼村历史，村民对这颗古槐有深厚情谊。多年来，村民在树下交粮、开会、联

官房院古槐（2006 年）

欢、扭秧歌、摆酒席，儿童在树下玩耍，学生下课在树下做体操。平房改造时，党支部、村委会研究决定将古槐树移栽到潘馨园小区广场边上。村民知道消息后，自发组织到大槐树下拜望，祝大槐树新生，永葆长青。

官房院已经不存在，但官房院的故事一直流传着。

赵家坟

20 世纪 60 年代以前，村西南约 300 米处有一片墓葬，占地约 5 亩，内有成排墓葬数十座，村民惯称该地为赵家坟。

旧时，该墓葬四周有用土堆砌的坟圈子。墓门朝北，有两尊石狮分居墓门两侧，门口有石碑一通，高约 5 尺，上有碑文。内有石鼎、石桌、石兽和石杵子，石杵子上狮子都镂空雕刻，做工十分精细。墓群内植有杜、榆、杨、槐等树木。该墓地虽已败落，但从墓葬规格上看，仍不失有钱有势人家的风范。

相传赵家坟中的首葬叫赵秉恒，不知是哪朝皇帝的干儿子，因与人纷争被仇家暗害并割下头颅，后经查未果，不了了之。因无头颅，故刻一金头随尸身一同下葬。

传说赵秉恒和葬在李家园皇姑坟中的皇姑还有一段瓜葛。李家园皇姑坟中所葬皇姑也是当朝皇帝的干闺女。话说有一年的冬天，皇姑的下人到潘楼一带放马，啃了赵家的麦苗，赵家家丁打了皇姑家的马，皇姑到皇上那里哭诉告状。皇上找赵秉恒询问，责怪赵。赵说:“后腿蹬、前腿刨，今年它吃了我明年的苗。”意思是说马把麦苗都吃了，明年就没收成了。皇上一听，认为言之有理，便从中调解，并叫干女儿今后放马不要再啃麦苗了。这段传说，也成了人们茶余饭后的笑谈。

“文化大革命”破“四旧”时，征用土地，砸坏坟中石器。后因修水利、烧白灰等，所剩石碑、石鼎、石狮等都尽遭劫难，不复存在，只剩坟地东头一棵老树，后也不知所终。

20 世纪 90 年代，村里和一港商选中此地建厂开办企业。动工时挖掘机挖到 5 米深时，突然一股白烟从坑底冒出，高达丈许，众人大骇，没再深挖。据说港商回去不久就去世了。这件事也为赵家坟蒙上了一层神秘色彩。但事后经分析，挖掘机可能挖到了棺木，因棺木封闭很严，棺盖一经打开，棺内所存浊气或磷火即刻冲出，形成烟雾。至于港商回去不久即去世，便是一种巧合罢了。

高顶子

潘楼村南侧是原古运粮河的支流（东西流向），往西200米左右河南有个村庄遗址，占地面积大约八亩左右。20世纪50年代成立农业生产合作社后，村民用土和生产队建设用土都到这个遗址取，渐渐把1.5米左右高的老庄台与周围拉平了。在取土过程中，不断发现老锅台和盆罐等生活用品，足以证明，这是古老村庄遗址，具体叫什么村已无从考查。查《南河镇志》记载，清咸丰三年（1853），潘楼村附近发大水，多数民房倒塌，这老庄台可能是那年爆发水灾而房倒人迁的，只留下村中庄台成为一个平地中的高台，后人叫它高顶子。现在的高顶子已经没有了，村民在上面新建了楼房。

地　名

地名和村名一样都是有来历的。有的地名是老人们代代相传下来的，至于为什么叫此名已无从考证；也有的地名属于新起，人们仍有记忆。

薛家口，位于小巻子村，牛坨子村东，刘庄、马家寺南，付村、大南河西，孙庄子、吴庄子北，占地约二平方千米，四周围所有十几个村子都称其为薛家口，本村在薛家口有三十余亩地，现在已建房。

赵坟，由于有老赵家坟地，周围的土地都被叫做赵坟。赵坟东边叫前河，前河的东边小块地叫八条垅，紧靠八条垅叫瓜山子，南面是老支家坟地，北面是枣园。枣园的地比八条垅高出 1 米，叫埑地。八条垅隔一条道是王家坟地。

村东面离庄台 30 米是土地庙，土地庙东面的地就称为庙东，庙北面和庙东地的北面称果园，村后面叫后园子，后园西面叫西园子。赵坟的北面郭村有片枣树，枣树的东面叫老坟，老坟东面叫后河，后河北面接两园子。

以上都是村周围的地，往西、往北就是大田地。

西园子地势高，过去是洼地，叫徐家坟。徐家坟北面大坟地是张家大地主的坟地，他也是潘楼村最大的地主。张家大坟地西面是口子门。徐家坟东西果园的下面有东西长、南北宽的一小条地，叫枕头地。枕头地北面叫长身地，张家大坟地北面是棋盘地，东边是老魏家坟地（此地是市里的坟地，是木村老魏家给人家看管的）。棋盘地北面是老孙家坟地，老孙家坟地北面是大山尖，东面是大河。大河东面叫徐家河，徐家河东面叫麻相地，麻相地南面接长身地。长身地西面、老魏家坟地北面叫梁坟，大山尖和徐家河北面是王相地，王相地北面是陈相地，陈相地西面是五十亩地，陈相地北面是十亩碱。以上都是老名，后来从姚村划过来的 600 亩地连外环线统称北洼稻地。

骨灰堂

自 1973 年村实行第一例火葬后，全村就没有人土葬了。村人火葬后骨灰盒放在付村骨灰堂。姚村建立了骨灰堂后，村里有一部分骨灰盒存在姚村骨灰堂。2016 年，镇政府通知付村、姚村骨灰堂要拆迁，村领导研究决定选一个固定的骨灰堂给村民解决骨灰存放问题。村领导安排党员 9 人、村民代表 3 人、群众 3 人到各村骨灰堂进行考察，最后研究决定选定吴庄子骨灰堂。购买资金 238 万元，每年管理费 4 万元，共购买 1088 个穴位。

2016 年 11 月 23 日，将骨灰堂分配方案向全村公示，各户到村委会登记，经核查后于 2017 年 3 月 4 日分到村民手中，村民们于 2017 年清明节前全部将骨灰转移到新的骨灰存放地。

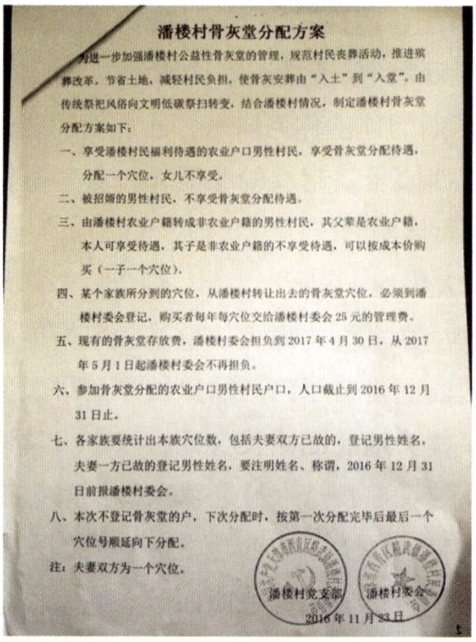

潘楼村骨灰堂分配方案

为进一步加强潘楼村公益性骨灰堂的管理，规范村民丧葬活动，推进殡葬改革，节省土地，减轻村民负担，使骨灰安葬由“入土”到“入堂”，由传统祭祀风俗向文明低碳祭扫转变，结合潘楼村情况，制定潘楼村骨灰堂分配方案如下：

一、享受潘楼村民福利待遇的农业户口男性村民，享受骨灰堂分配待遇，分配一个穴位，女儿不享受。

二、被招婿的男性村民，不享受骨灰堂分配待遇。

三、由潘楼村农业户籍转成非农业户籍的男性村民，其父辈是农业户籍，本人可享受待遇，其子是非农业户籍的不享受待遇，可以按成本价购买（一子一个穴位）。

四、某个家族所分到的穴位，从潘楼村转让出去的骨灰堂穴位，必须到潘楼村委会登记，购买者每年每穴位交给潘楼村委会25元的管理费。

五、现有的骨灰堂存放费，潘楼村委会担负到2017年4月30日，从2017年5月1日起潘楼村委会不再担负。

六、参加骨灰堂分配的农业户口男性村民户口，人口截止到2016年12月31日止。

七、各家族要统计出本族穴位数，包括夫妻双方已故的，登记男性姓名，夫妻一方已故的登记男性姓名，要注明姓名、称谓，2016年12月31日前报潘楼村委会。

八、本次不登记骨灰堂的户，下次分配时，按第一次分配完毕后最后一个穴位号顺延向下分配。

注：夫妻双方为一个穴位。

潘楼村党支部　潘楼村委会

2016年11月23日

潘楼村骨灰堂分配方案

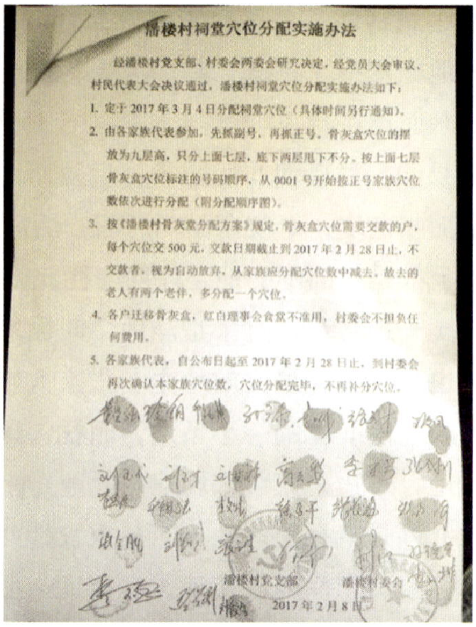

潘楼村祠堂穴位分配实施办法

经潘楼村党支部、村委会两委会研究决定，经党员大会审议，村民代表大会决议通过，潘楼村祠堂穴位分配实施办法如下：

1. 定于2017年3月4日分配祠堂穴位（具体时间另行通知）。
2. 由各家族代表参加，先抓副号，再抓正号。骨灰盒穴位的摆放为九层高，只分上面七层，底下两层甩下不分。按上面七层骨灰盒穴位标注的号码顺序，从0001号开始按正号家族穴位数依次进行分配（附分配顺序图）。
3. 按《潘楼村骨灰堂分配方案》规定，骨灰盒穴位需要交款的户，每个穴位交500元，交款日期截止到2017年2月28日止，不交款者，视为自动放弃，从家族应分配穴位数中减去。故去的老人有两个老伴，多分配一个穴位。
4. 各户迁移骨灰盒，红白理事会食堂不准用，村委会不担负任何费用。
5. 各家族代表，自公布日起至2017年2月28日止，到村委会再次确认本家族穴位数，穴位分配完毕，不再补分穴位。

潘楼村党支部　潘楼村委会

2017年2月8日

党员代表通过潘楼村祠堂穴位分配实施办法

2004—2006年潘楼村村民代表名单

刘学金	田万春	孙广云	刘长友	高云茂	张文才
李玉飞	李玉来	刘玉发	孙广平	张国泰	张万全
李玉亭	李玉奎	高云明	刘玉成		

2006—2009年潘楼村村民代表名单

高云茂	李玉伟	刘玉保	田志喜	刘学金	李德喜
孙德营	靳文芝	李玉钧	孙广平	代凤明	高云海
张长龙	张万全	刘长友	田志才	李玉峰	

2009—2012年潘楼村村民代表名单

李玉伟	李德喜	张全新	李玉足	李玉峰	张国友
孙德柱	李玉涛	高云茂	李玉钧	李玉成	

2012—2015年潘楼村村民代表名单

李玉和	孙德喜	李　杰	李玉起	李玉伟	魏　军
李玉涛	徐召平	张庆敏	孙德亮	李玉足	

1958—2016 年潘楼村大队（村委会）会计名单

1958—1966	1966—1970	1970 至今
赵崇仁	张桂敏	张文才

潘楼村历任小队会计名单

刘其正	张恩贵	赵崇仁	李金才	张维华
张文忠	张桂珍	代凤明	刘玉良	刘长青
刘玉强	赵崇义	王士菊		

潘楼村历任小队长名单

魏金友	张恩升	李金汉	王金生	刘其昌	张殿奎	李玉振	何宗仁
赵崇仁	田万成	张万发	张恩起	张志义	张国泰	刘玉强	刘玉福
李金波	张国柱	高云明	李玉起	孙广月	孙广青	李玉才	田万春
孙广顺	张文金	李玉亭	李金良	张恩波	孙殿玉	高振江	高云长
孙广太	张万明	李玉足	董树德	张万海			

潘楼村出席乡镇人民代表大会代表名单

姓名	性别	历届代表
王金生	男	付村公社第三届代表大会代表
李金良	男	付村乡第六届代表大会代表
张桂敏	女	付村乡第六届代表大会代表
孙广起	男	付村乡第六届代表大会代表
李玉成	男	镇十二届、十三届、十四届、十五届代表大会代表

2008 年 5 月 15 日潘楼村为汶川地震灾区捐款花名册

单位：元

姓名	金额	姓名	金额	姓名	金额	姓名	金额
张长利	20	高云才	100	高云钢	50	董树清	100
孙广菊	100	孙财旺	50	外来户	1	王金成	50
王俊凤	100	李玉财	50	张万奎	50	周　娣	50
张万全	20	孙殿伍	70	李　伟	100	刘玉成	100
田志喜	50	李　勇	100	王金生	200	方　娜	50
王永玉	20	张娟世	100	刘秀花	100	高振贤	10
张文才	100	杨瑞俊	100	魏凤连	50	李玉起	100
张云生	100	孙凤英	100	张志义	200	祝佩华	100
刘玉才	100	李玉峰	100	张长江	100	杨维芝	100
刘学金	50	韩俊生	10	李德喜	200	左天菊	50

续表

姓名	金额	姓名	金额	姓名	金额	姓名	金额
华锡建	100	高树宽	10	张万发	100	张奇秀	50
李　铭	10	张万海	50	高云辰	400	李玉成	100
刘其祥	50	魏凤香	50	学　生	20	刘凤霞	100
刘玉发	50	张宝芬	50	高云茂	100	李玉飞	100
高云凯	100	张凤菊	50	高云根	50	张全利	100
李　帅	50	张全敏	100	李　凯	100	胡广苓	50
陈淑兰	50	工大学生	10	马凤茹	50	王彦楼	50
孙俊芳	50	孙德贤	50	李玉魁	20	李玉增	100
张全胜	400	高福荣	10	何宗仁	100	李玉永	200
孙德成	100	刘金霞	50	孙广云	100	张俊花	200
李玉江	50	李玉明	50	田万春	100	肖广琴	50
朱振荣	100	李　伟	50	李金海	200	王秀领	30
李玉臣	100	李玉亭	200	吕少华	100	李　斌	100
孙树珍	50	扈士荣	100	刘俊生	100	李　军	10
李玉华	50	李玉伟	100	孙凤云	50	外来户	5
孙惠琴	20	李　慧	10	李玉坤	200	高云来	10
孙广海（大）	50	杨树芬	100	外来户	10	郝秀兰	100
韩清双	100	李玉和	100	刘玉石	100	康晴霞	100
周桂爱	50	张纯云	50	李玉钧	520	孙广起	100
华锡伟	50	宫玉云	50	美乐清洁用品厂	50	张长喜	50
代凤明	20	董树田	100	外来户	20	李玉足	50
外来户	10	刘立银	50	张全新	100	李根玉	100
华玉宾	10	孙树霞	20	张代英	50	董树付	100
刘连荣	10	孙广太	100	靳文敏	50	宋秀华	20
王　丽	10	魏凤德	100	张凤玲	50	外来户	100
外来户	20	外来户	20	外来户	50	张全保	20
李玉民	10	徐召平	20	李德胜	100	高登源	100
李玉领	100	张万明	50	张广敏	50	李玉德	50
高云长	100	靳永爱	50	李玉栓	100	何俊起	100
张万桥	50	外来户	30	外来户	20	陈宝红	100
刘桂云	50	孙德才	30	华锡强	50	外来户	5
张文珍	100	刘长江	100	高树俊	100	外来户	20
刘长杰	100	刘玉保	100	王　磊	20	孙和连	50
张万来	120	李彦缇	33	田志学	10	外来户	10

续表

姓名	金额	姓名	金额	姓名	金额	姓名	金额
李德发	100	李文玉	100	魏凤英	50	外来户	20
李玉喜	30	张志明	50	魏凤新	50	外来户	5
高云明	20	李　健	50	外来户	30	张志强	100
外来户	20	孙广月	100	外来户	8	刘长永	50
李德来	20	王小培	50	小朋友	1.5	张长侠	100
刘海芬	50	陈树琴	50	魏　茹	50	李　军	10
高云海	100	外来户	20	孙德营	50	于绪春	50
孙富起	100	外来户	20	孙凤花	50	刘玉来	100
刘长青	200	外来户	10	外来户	5	孙玉江	100
田智强	100	王金凤	20	李桂琴	20	外来户	20
王依然	11	徐延荣	100	外来户	10	外来户	10
高树军	200	外来户	20	张俊花	50	外来户	3
外来户	30	外来户	50	董树奎	50	李俊峰	20
孙广泉	100	边家萍	100	何俊华	50	张长龙	50
高　庆	50	孙玉海	200	张国友	100	外来户	50
张志忠	100	外来户	20	外来户	10	外来户	20
外来户	20	外来户	100	田万成	100	外来户	10
外来户	20	孙德望	20	外来户	100	田俊华	100
梁立群	50	李玉涛	100	李德春	2	总计	17309.5

2008 年 5 月 27 日潘楼村为汶川地震灾区孤儿捐款花名册

单位：元

姓名	捐款金额	姓名	捐款金额	姓名	捐款金额
张宝芬	20	刘俊艳	20	田志喜	100
徐延荣	100	牛淑江	200	孙德才	100
郭春梅	100	崔晓雅	100	刘学金	100
杨忠霞	50	李玉香	100	张万全	100
张宝艳	200	王利香	50	李玉伟	100
孙广菊	20	杨树英	20	李玉喜	100
吴士英	50	高福荣	50	王永玉	100
魏凤英	50	杨瑞俊	10	孙广江	200
杨克英	100	王维琴	20	高云根	100
吕美凤	20	李春梅	20	李玉成	100
张洪香	100	边　疆	100	魏凤连	100
王宝福	20	程淑琴	20	张文才	100

续表

姓名	捐款金额	姓名	捐款金额	姓名	捐款金额
张家想	20	张万发	100	华锡强	100
王凤霞	10	张素珍	100	靳文敏	100
黄纪春	20	孙素芳	30	尹文芬	100
左天香	30	李玉云	1000	杨瑞俊	100
刘淑云	50	张志军	1000	张娟世	100
李玉芬	30	李德顺	1000	张庆敏	100
李学梅	20	李铁刚	1000	李根玉	100
左兰英	30	王凤霞	100	王俊凤	100
刘淑云	100	—	—	总计	8280

2008 年 5 月 15 日盛华物业为汶川地震灾区捐款花名册

单位：元

姓名	金额	姓名	金额	姓名	金额	姓名	金额
徐玉芳	100	李学梅	100	王利香	100	刘洪侠	100
张俊荣	100	孙德林	100	张月玲	50	李树杰	50
孙春荣	50	张海苓	50	韩秀芬	50	马秀兰	50
靳文菊	50	刘俊艳	50	郭忠梅	50	韩少敏	50
牛承婷	50	张春红	50	高福荣	50	刘致英	50
赵俊芳	50	李文荣	50	李恩香	50	华锡萍	50
牛小敏	50	刘正敏	50	张文霞	50	王树艳	50
徐会云	50	李玉连	50	孙金芝	50	宋秀珍	50
张长海	100	孙德强	100	王　振	100	李德全（大）	100
张长瑞	50	孙佳伟	50	李　松	50	李德春	30
刘　超	30	李德元	30	孙佳磊	20	孙德亮	20
李　响	20	高树辉	20	刘俊凯	20	李德全（小）	20
张全乐	20	李　海	20	孙德斌	20	张全有	20
孙德望	20	李　季	20	魏　浩	20	李　全	20
张长胜	20	李　鹏	20	高　强	20	孙德贤	20
孙广邦	100	张万海	100	李玉志	100	李庆玉	100
李玉祥	50	李玉领	50	孙俊芳	50	孙广清	50
马凤玉	50	李玉秀	50	张志胜	50	张兰霞	50
李延春	50	张万奎	50	王文根	50	张桂兰	50
魏凤泉	50	王淑凤	50	韩俊生	40	李玉森	20
孙德海	20	孙广升	20	张秀云	20	刘月华	20
李玉清	20	宋予桓	100	李玉起	100	张志忠	100

续表

姓名	金额	姓名	金额	姓名	金额	姓名	金额
李春园	100	于艳荣	100	李玉强	100	李玉柱	100
高云起	20	孙福利	20	李玉军	20	董学强	10
物业公司	2000	—	—	—	—	总计	6930

2010 年 4 月 21 日盛华物业为四川地震灾区捐款花名册

单位：元

姓名	金额	姓名	金额	姓名	金额	姓名	金额
宋予桓	100	李玉起	100	李学梅	100	李春园	100
张美丽	100	韩少敏	100	张凤菊	50	靳维香	50
孙凤荣	50	安丽萍	50	韩　静	50	边　疆	50
魏　茹	50	董芳芳	50	陈宝红	50	徐美琪	50
何　花	50	李学梅	50	郭忠梅	100	赵春萍	50
韩清稳	50	魏　琴	50	边立萍	50	韩少英	50
张玉凤	50	左天香	50	孙和连	50	刘海芬	50
田俊明	50	庄兆兰	50	张海苓	100	杨玉娣	50
朱学玲	50	陈淑兰	50	张　霞	50	赵秋霞	50
张全敏	50	安立颖	50	刘凤霞	50	高树俊	50
王金凤	50	孙德林	100	赵永珍	50	高树萍	50
吕爱霞	50	宋秀珍	50	王利香	50	王树艳	50
徐会云	50	张文霞	50	康晴霞	100	靳文菊	50
刘俊艳	50	刘洪侠	50	李树霞	50	李树杰	50
马秀兰	50	韩秀芬	50	韩少娥	50	李玉来	50
孙广海	50	刘玉强	50	张万海	50	孙　路	50
李玉彩	50	孙殿伍	50	刘长友	50	刘长海	50
刘玉才	50	魏凤清	50	代　金	50	孙德义	50
刘长永	50	高云凯	50	孙广邦	50	孙俊芳	50
李玉志	50	李玉领	50	李玉森	50	张万海	50
张万奎	50	孙德海	50	赵建国	50	李庆玉	50
王淑凤	50	李玉清	50	刘月华	50	张桂兰	50
张兰霞	50	李玉秀	50	马凤玉	50	王文根	50
韩俊生	50	李延春	50	张秀云	50	魏凤泉	50
王景香	50	李玉坤	50	李玉德	50	魏祥魁	50
张月玲	50	张俊荣	50	何俊起	200	刘洪侠	100
王俊凤	200	张庆敏	50	魏凤连	50	王俊凤	200

续表

姓名	金额	姓名	金额	姓名	金额	姓名	金额
李学梅	100	李玉军	200	周桂爱	50	李学梅	100
李兰芳	100	李玉峰	200	高树军	100	李兰芳	100
刘洪侠	100	李　伟	500	—	—	总计	7950

2015 年 8 月 20 日潘楼村为滨海新区爆炸事故捐款

单位：元

姓名	金额	姓名	金额	姓名	金额
王俊凤	200	张庆敏	50	魏凤连	50
李学梅	100	李玉军	200	周桂爱	50
李兰芳	100	李玉峰	200	高树军	100
刘洪侠	100	李　伟	500	何俊起	200
总计	1850	—	—	—	—

编后记

2015年12月，经村党支部、村委会研究决定编修《潘楼村志》，并于2016年1月1日成立潘楼村志编修委员会。村志编修委员会主任为何俊起，副主任为张长利、李玉起，委员有张全利、刘俊生、王俊凤；主编有刘玉强、刘玉成、刘长青，参加编写人员有李玉云、刘其祥、张国泰、李玉章、李玉成。2016年1月21日，编修人员全部到位。2016年6月底定稿，之后准备成书，上报期间恰逢2017年3月全区开展“村村建档修志工程”，遂将《潘楼村志》纳入全区建档修志工程中。直至2018年11月26日，镇里将复审意见返回村里，恰逢春节，村委会于2019年2月21日重新组织人员进行修改，于4月再次交付审核。随后，再次精心修改，审核通过。

因所有参加村志编修人员都是第一次接触此项工作，没有经验，且水平有限，所以面临诸多困难。首先集思广益，对村内历史上的一些往事进行回忆，然后统一思想，达成共识。对一些回忆比较困难的事情，借助村档案室和镇有关部门的资料，并多次到西青档案馆、静海档案馆进行查找，以求事实清楚，数字准确，使村志所有史实都有据可查，力求做到准确无误，尊重历史，内容更加丰富。

在编修烈士一节参照区志、镇志时，两志均载潘楼村只有两位烈士，而事实潘楼村有三位烈士，所以对此进行了补正。

在潘楼村建党时间上，区志、镇志等有关资料最早定格在1952年。后经多次到区档案馆查找证据，最后在西郊区第一次党代会代表名单中找到潘楼村李金良的代表登记表，确定潘楼村于1949年4月建党，并成立中共党支部。

在一些相同的事件、相同的内容上，区志和镇志记载中从时间和数字上有出入的，我们均采用区志上的记载，以增加权威性。

本村志在编修过程中，始终得到西青区地方志办公室的大力支持和村党支部、村委会的直接领导。村支部书记何俊起经常深入编修现场，进行具体指导。村领导张长利、李玉起、张全利、刘俊生、王俊凤多次带领编修人员外出搜集资料。此外，西青区志办退休老同志李刚老师多次到村进行辅导，并亲自参与修改。本村张文才、高云根、王永玉、王凤霞、张长胜、刘旭等也在资料查找、打字校订等方面给予大力协助。

本村志经编修人员的共同努力，历经艰辛，数易其稿，纵述潘楼村六百余年历史，涵盖政治、经济、文化、教育、军事、村庄建设、风土人情等诸多方面，如能起到一点鉴古示今的作用，就是全体编修人员最大的欣慰。

《潘楼村志》的编写填补了潘楼村的一个空白。由于编修人员水平有限，缺乏经验，难免存在不少问题和不足，恳请全村父老乡亲及有关专家、领导给予指正。

由于编纂时间紧迫，书中所选部分照片及文章未能在出版前联系到著作权人，请著作权人看到后与我们联系，我们将奉上稿酬。

本村志有关内容不作为个人享受各种待遇的依据。

编　者

2019 年 9 月